Jens Kersten, Claudia Neu, Berthold Vogel
Das Soziale-Orte-Konzept

Rurale Topografien | Band 16

Editorial

Rurale Topografien erleben nicht nur gegenwärtig in den medialen, literarischen und künstlerischen Bilderwelten eine neue Konjunktur – sie sind schon seit jeher in verschiedensten Funktionen ganz grundsätzlich am Konstituierungsprozess sowohl kultureller als auch individueller Selbst- und Fremdbilder beteiligt. Imaginäre ländliche und dörfliche Lebenswelten beeinflussen die personale und kollektive Orientierung und Positionierung in bestimmten Räumen und zu bestimmten Räumen. Dabei entwerfen sie Modelle, mit denen individuelle und gesamtgesellschaftliche Frage- und Problemstellungen durchgespielt, reflektiert und analysiert werden können. Auch in ihren literarischen Verdichtungsformen und historischen Entwicklungslinien können sie als narrative und diskursive Reaktions-, Gestaltungs- und Experimentierfelder verstanden werden, die auf zentrale zeitgenössische Transformationsprozesse der Koordinaten Raum, Zeit, Mensch, Natur und Technik antworten. Damit wird auch die Frage berührt, wie eine Gesellschaft ist, war, sein kann und (nicht) sein soll.

Die Reihe **Rurale Topografien** fragt aus verschiedenen disziplinären Perspektiven nach dem Ineinandergreifen von künstlerischer Imagination bzw. Sinnorientierung und konkreter regionaler und überregionaler Raumordnung und -planung, aber auch nach Möglichkeiten der Erfahrung und Gestaltung. Indem sie die Verflechtungen kultureller Imaginations- und Sozialräume fokussiert, leistet sie einen Beitrag zur Analyse der lebensweltlichen Funktionen literarisch-künstlerischer Gestaltungsformen.

Ziel der Reihe ist die interdisziplinäre und global-vergleichende Bestandsaufnahme, Ausdifferenzierung und Analyse zeitgenössischer und historischer Raumbilder, Denkformen und Lebenspraktiken, die mit den verschiedenen symbolischen Repräsentationsformen imaginärer und auch erfahrener Ländlichkeit verbunden sind.

Die Reihe wird herausgegeben von Werner Nell und Marc Weiland.

Jens Kersten (Prof. Dr. iur.), geb. 1967, lehrt Öffentliches Recht und Verwaltungswissenschaften an der Ludwig-Maximilians-Universität München. Seine Forschungsschwerpunkte sind Verwaltungs-, Verfassungs- und Europarecht, Biomedizin und Recht, Natur und Gesellschaft im Anthropozän, digitale Governance und Demokratie sowie demografischer Wandel und sozialer Zusammenhalt. Von 2012-2013 war er Carson Professor am Rachel Carson Center for Environment and Society der Ludwig-Maximilians-Universität München.

Claudia Neu (Prof. Dr.), geb. 1967, ist Inhaberin des Lehrstuhls für Soziologie ländlicher Räume an den Universitäten Göttingen und Kassel. Ihre Forschungsschwerpunkte sind demografischer Wandel und Daseinsvorsorge sowie Ungleichheit und Zusammenhalt. Sie ist Vorsitzende des Sachverständigenrates ländliche Entwicklung beim Bundesministerium für Ernährung und Landwirtschaft.

Berthold Vogel (Prof. Dr.), geb. 1963, ist Geschäftsführender Direktor des Soziologischen Forschungsinstituts Göttingen (SOFI) an der Georg-August-Universität und Sprecher des Forschungsinstituts Gesellschaftlicher Zusammenhalt (FGZ) am Standort Göttingen. Seine Forschungsschwerpunkte sind der Wandel der Arbeitswelt, die Gestaltung öffentlicher Güter und die Praxis des Rechts- und Sozialstaats.

Jens Kersten, Claudia Neu, Berthold Vogel

Das Soziale-Orte-Konzept

Zusammenhalt in einer vulnerablen Gesellschaft

[transcript]

Bibliografische Information der Deutschen Nationalbibliothek
Die Deutsche Nationalbibliothek verzeichnet diese Publikation in der Deutschen Nationalbibliografie; detaillierte bibliografische Daten sind im Internet über http://dnb.d-nb.de abrufbar.

Umschlaggestaltung: Kordula Röckenhaus, Bielefeld
Umschlagcredit: Tobias Bringmann
Druck: Majuskel Medienproduktion GmbH, Wetzlar
Print-ISBN 978-3-8376-5752-4
PDF-ISBN 978-3-8394-5752-8
https://doi.org/10.14361/9783839457528
Buchreihen-ISSN: 2703-1454
Buchreihen-eISSN: 2703-1462

Gedruckt auf alterungsbeständigem Papier mit chlorfrei gebleichtem Zellstoff.
Besuchen Sie uns im Internet: *https://www.transcript-verlag.de*
Unsere aktuelle Vorschau finden Sie unter *www.transcript-verlag.de/vorschau-download*

Inhalt

Vorwort

Die Frage nach dem gesellschaftlichen Zusammenhalt fordert moderne Gesellschaften heraus. Die gesellige Ungeselligkeit des Menschen, von der Immanuel Kant gesprochen hat, bringt eine anthropologische Konstante auf den Punkt, die wir in den demokratischen Wohlstandsgesellschaften des Westens bestätigt finden: Wir wollen zugleich sozial und liberal leben, gemeinsam und zugleich unabhängig voneinander. Doch es stellt sich immer mehr die Frage, wo wir dieses Spannungsfeld leben wollen, also die Frage nach dem konkreten Ort, an dem gesellschaftlicher Zusammenhalt (noch) möglich wird. Es fehlt nicht an individueller Freiheit in unserer Gesellschaft, oftmals aber an Solidarität, Begegnungsmöglichkeiten und an Sozialen Orten, an denen wir gemeinsam als Bürgerschaft einer demokratischen Gesellschaft zusammenkommen.

Dieser zunehmende Verlust Sozialer Orte in unserer Gesellschaft ist uns in der Corona-Pandemie besonders schmerzlich bewusst geworden. Wir vermissen ein soziales Miteinander, das für uns »früher« selbstverständlich war: sich spontan mit Freunden oder Nachbarn zu treffen, »einfach so« ins Theater und ins Stadion zu gehen. Das wöchentliche Fußballtraining und Tanzen fielen weg. Kneipen, Restaurants und Bars blieben geschlossen. Wir sahen verwaiste Innenstädte. Zu Beginn der Corona-Pandemie haben wir von »social distancing« gesprochen, um dies zu beschreiben. Doch nach mehr als einem Jahr pandemischer Erfahrung verwendet den Begriff niemand mehr. Wir haben verstanden, dass es in der Pandemie nicht um »social«, sondern um »physical distancing« geht – ein »physical distancing« mit harten sozialen Folgen gerade auch für den Zusammenhalt der Gesellschaft: Die sozialen Ungleichheiten wurden und werden durch die Krise verstärkt. Die gesundheitlichen Belastungen und Risiken von sozialen Berufen, die sich vor allem um die öffentlichen Güter unserer Gesellschaft kümmern, traten offen zu Tage: in Pflege, Bildung, Sicherheit. Oder dass unser selektives Schulsystem vor allem die Kinder adressiert, die ohnehin in stabilen und unterstützenden Familien leben.

Wir können diese sozialen Folgen der Pandemie für den Zusammenhalt aber insbesondere auch im Raum beobachten. Viele Orte, die wir »früher« wie selbstverständlich genutzt haben, existieren vielleicht noch, aber wirken (halb) leer seltsam verwaist: Kinos und Theater, Hotelhallen und Restaurantinnenräume, Sportstadien und Museen. Auch gemeinsame Aufenthalts- und Besuchsräume in Altersresidenzen und Pflegeheimen sind nur noch spärlich besucht. Es ist im Sommer 2021 immer noch unklar, wie, wo und in welcher Form wir diese räumlichen Strukturen einer Gesellschaft wieder nutzen können. Welche gesellschaftlichen Auswirkungen hat es, dass das Leben von Familien sich viele Monate in Wohnungen zusammendrängte? Homeoffice und Homeschooling fanden unmittelbar nebeneinander am gleichen Küchentisch statt und sind zugleich doch oft sehr schwer zu vereinbaren. Aus »my home is my castle« sind die sprichwörtlichen »vier Wände« geworden, in denen teilweise Einsamkeit, teilweise Stress herrschte, in denen nicht selten Depressionen und Gewalt eskalierten. Gleichzeitig war für die Allermeisten der familiäre Raum der zentrale Ort, an dem Begegnung möglich war. Die Digitalisierung ließ jedoch die Grenzen zwischen Öffentlichkeit und Privatheit verschwimmen. Zu denken ist hier an die Studierenden, die wieder ins heimische Kinderzimmer zurückkehren mussten, um zwischen den Utensilien der Kindheit und Jugend im Zoom-Raum des Online-Seminars aufzutauchen. Und soweit wir noch zur Arbeit gingen, hasteten wir hinter unseren Masken ebenso aneinander vorbei wie beim Einkaufen oder in den Fußgängerzonen. Wir verlieren derzeit zu viele Soziale Orte, ohne dass dies durch vollkommen neue soziale Dimensionen unseres digitalen Lebens kompensiert würde.

In diesen hoch-, zwischen- und nachpandemischen Lagen entwickelt sich ein neues Bewusstsein, dass sich gesellschaftlicher Zusammenhalt an ganz konkreten Sozialen Orten entfaltet. Doch in diesem Zusammenhang dürfen wir zugleich nicht übersehen, wie viele öffentliche Orte wir bereits vor der Pandemie verloren haben: durch die zunehmende Privatisierung des öffentlichen Raums in unseren Städten, durch die De-Infrastrukturalisierung und Peripherisierung ganzer Stadtviertel, ländlicher Räume und Regionen. Diese Entwicklung vollzieht sich seit Jahrzehnten. Nicht erst die Corona-Pandemie hat zu einer Schließung von Sozialen Orten geführt. In vielen Quartieren, Gemeinden und Regionen sind sie schon vorher einfach verschwunden: Cafés und Kinos, Jugendclubs und Kultureinrichtungen, Bibliotheken und Schwimmbäder. Sie lohnten sich nicht mehr wirtschaftlich, fielen und fallen dem Rotstift zum Opfer. Dieser sukzessive, aber doch merkliche Verlust von öffentlichen Orten wurde durch eine zweite Entwicklung bedingt und verstärkt, die leicht zu übersehen ist: Die Verwaltungen und der Staat ziehen sich zurück, aus den Stadtquartieren ebenso wie aus der Fläche. Hier mag man einwenden: Wer vermisst schon die Bürokratie? Doch die Antwort auf diese Frage lautet: Gerade wenn es um öffentliche Orte und damit den gesellschaftlichen Zusammenhalt geht, wird die Staatsbedürftigkeit unserer Gesellschaft sichtbar.[1] Ohne eine effektive demokratische Verwaltung lassen sich öffentliche Güter, Infrastrukturen und Daseinsvorsorge nicht gewährleisten, in denen sich Soziale Orte entfalten, um individuelle und soziale Anerkennung und Vertrauen, Gleichwertigkeitserfahrung und positive Zukunftserwartungen zu begründen. Deshalb sind Soziale Orte für den Zusammenhalt unserer Gesellschaft von so zentraler Bedeutung.

Die ersten Überlegungen für ein Soziale-Orte-Konzept haben wir in einem Aufsatz entwickelt, der 2017 in der Zeitschrift Umwelt- und Planungsrecht (UPR) erschienen ist. Diese ersten Überlegungen greifen wir in dieser Publikation wieder auf, um sie zu vertiefen und weiterzuentwickeln. Den Anstoß für die Entwicklung des Soziale-Orte-Konzepts haben Gespräche »vor Ort« gegeben. Die territoriale Ungleichheit beschäftigt die Bürgerinnen und Bürger: Wie steht es um Bildung und Gesundheit, Sicherheit und Pflege, Mobilität und Kommunikation, aber auch um Verwaltung und Demokratie in Quartieren, Dörfern und Städten? Warum werden die Lebensverhältnisse in Schrumpfungs- und Wachstumsregionen immer unähnlicher? Wie und wo kann sich Gesellschaft heute überhaupt noch begegnen? War der demokratische Wohlfahrtsstaat so erfolgreich, dass er die gesellschaftlichen Institutionen auflöst, die ihn tragen?

Die Frage nach den Sozialen Orten ist zugleich die Frage nach der Gestaltung des gesellschaftlichen Miteinanders. Das Soziale-Orte-Konzept wird nicht alle diese Fragen beantworten. Doch es weist darauf hin, dass der gesellschaftliche Zusammenhalt nicht einfach da ist, sondern dass er sozial und demokratisch gestaltet werden muss, von den Bürgerinnen und Bürgern, der Zivilgesellschaft und der Wirtschaft, von Politik, Verwaltung und Staat. Das Soziale-Orte-Konzept wird von der Einsicht getragen, dass wir nicht in einer »Gesellschaft der Singularitäten«[2] ohne Solidaritäten leben (können); und

1 Vogel, Die Staatsbedürftigkeit der Gesellschaft.

2 Reckwitz, Die Gesellschaft der Singularitäten.

es führt zu der Erkenntnis, dass gerade der liberale, soziale und demokratische Verfassungsstaat eben auch von Voraussetzungen lebt, die er selbst aktiv schaffen kann und schaffen muss. Deshalb möchte das Soziale-Orte-Konzept dazu beitragen, die Gleichwertigkeit der Lebensverhältnisse als soziales und demokratisches Integrationsversprechen der Bundesrepublik zu bekräftigen und zu erneuern. Auf die zunehmende territoriale Ungleichheit reagiert das Soziale-Orte-Konzept mit einem Perspektivwechsel: Im Unterschied zur Industriegesellschaft mit ihren fixen lokalen Institutionen stiftet heute immer weniger der Ort den gesellschaftlichen Zusammenhalt, sondern immer häufiger ist es der gesellschaftliche Zusammenhalt, der sich seinen (neuen) Ort sucht.

Der Begriff und das Konzept der Sozialen Orte haben Beachtung gefunden. So hat beispielsweise das Land Niedersachsen schon 2018 ein Modellvorhaben »Soziale Dorfentwicklung« aufgelegt, um »künftig stärker als bisher die Entwicklung der Dörfer und Gemeinden als Soziale Orte in den Mittelpunkt regionaler Strukturpolitik zu stellen«.[3] Im Juni 2020 ging das Modellprojekt »Soziale Orte« gar aus den sächsischen Koalitionsverhandlungen hervor und wurde 2021 in einer Förderrichtlinie umgesetzt.[4] In Politik und Wissenschaft wird das Soziale-Orte-Konzept zustimmend, aber auch kritisch diskutiert. Was genau ist ein Sozialer Ort? Warum brauchen wir ein Soziale-Orte-Konzept, wenn wir doch über das bekannte und bewährte Zentrale-Orte-Konzept verfügen? Diese und noch weitere Fragen sind nur allzu berechtigt. Wir hatten das Glück, dass wir uns mit ihnen im Rahmen des Projekts »Das Soziale-Orte-Konzept. Neue Infrastrukturen für gesellschaftlichen Zusammenhalt« auseinandersetzen konnten, das vom Bundesministerium für Bildung und Forschung von 2017 bis 2020 gefördert wurde. Dies eröffnete uns die Möglichkeit, die Frage nach den Sozialen Orten exemplarisch in den Landkreisen Saalfeld-Rudolstadt (Thüringen)

---

3 Niedersächsisches Ministerium für Ernährung, Landwirtschaft und Verbraucherschutz, Konzept Modellvorhaben »Soziale Dorfentwicklung« in Niedersachsen, S. 1.

4 Im Juni 2021 wurde die gemeinsame Förderrichtlinie »Orte des Gemeinwesens« des Sozial- und des Demokratieministeriums Sachsens beschlossen, die zwei Förderstränge »Soziale Orte« und »Orte der Demokratie« enthält – vgl. SPD Landtagsfraktion, Sachsen stärken – Gemeinsam aus der Krise. Ergebnisse des Koalitionsausschusses vom 23. Juni 2020; Sächsisches Staatsministerium für Soziales und Gesellschaftlichen Zusammenhalt, Sachsen fördert Entstehung sozialer Orte und Orte der Demokratie in kleinen Kommunen oder Stadtvierteln.

und Waldeck-Frankenberg (Hessen) zu stellen. Eine erste Vorstudie konnten wir in diesen Regionen bereits in den Jahren 2016 und 2017 dank der Unterstützung der Friedrich-Ebert-Stiftung durchführen.[5] Die Erfahrungen und Ergebnisse dieses Projekts sind auch in die Überlegungen zum Soziale-Orte-Konzept eingeflossen. Für anregende Diskussionen und Kritik möchten wir uns ganz herzlich bei unseren Teams bedanken. Für die Universität Göttingen sind dies Judith Althaus, Moritz Arndt, Kai Buschbom-Helmke und Ljubica Nikolic, für das SOFI Göttingen Sarah Herbst, Rüdiger Mautz, Helena Reingen-Eifler und Maike Simmank. Beide Teams waren unermüdlich im Feld unterwegs, haben Soziale Orte erkundet, persönlich wie online Daten erhoben und Konferenzen organisiert. Allen Beteiligten in unseren Untersuchungslandkreisen Saalfeld-Rudolstadt und Waldeck-Frankenberg, die uns über mehr als drei Jahre tatkräftig unterstützt haben, gilt unser ganz besonderer Dank. Für Anmerkungen und Kritik bei der Drucklegung danken wir Veronika Böhm, Luisa Griesbaum, Sarah Herbst, Sandra Fritsch-Drlje, Elisabeth Kaupp, Maike Simmank, Eva Schweiger und Teresa Swienty.

Jens Kersten, Claudia Neu und Berthold Vogel
Göttingen und München im August 2021

5 Vgl. Arndt et al., Soziale Orte – Ein Konzept zur Stärkung lokalen Zusammenhalts.

1. Einleitung

»Abgehängt!« Mit diesem Begriff beschrieben viele Bürgerinnen und Bürger ihre soziale und wirtschaftliche Lage, ihren Ort in der bundesrepublikanischen Gesellschaft. Stadtviertel, Städte und ganze Regionen fühlten sich allein- und zurückgelassen: menschlich, sozial, digital und ökonomisch. Deshalb wurde mit dem Begriff »abgehängt« auch Politik gemacht. Die diskursive Polarisierung unserer Gesellschaft konzentrierte sich auf Orts- und Himmelsrichtungen: Stadt vs. Land. Ost vs. West. Nord vs. Süd. Heimat vs. Entfremdung. Anywheres vs. Somewheres. Seit Beginn der Corona-Pandemie im März 2020 dominiert nun ein anderer Begriff, wenn es um soziale und politische Lagen der Bundesrepublik geht: »Isoliert!« Die urbanen Zentren und Wachstumsregionen Deutschlands färbten sich in der ersten Welle auf der pandemischen Landkarte tief rot. Die peripheren Orte und ländlichen Räume der Republik schienen nun so attraktiv wie lange nicht mehr. Bevor die Pandemie das gesamte Land fest im Griff hatte, versuchte man dort mit Reise- und Beherbergungsverboten die niedrigen Infektionsraten zu sichern. »Selbst-Isolierung« als das Gebot der Stunde! Lässt sich die Pandemie doch in freier Natur und ländlicher Idylle viel besser ertragen als in der stickigen Etagenwohnung.[1] Dieser Trend war freilich nicht von Dauer und zeigt die Unkalkulierbarkeit des pandemischen Verlaufs. So entwickelten sich in der zweiten und dritten Welle gerade die ländlichen und hier insbesondere viele der so genannten »strukturschwachen Regionen« zu den Landkreisen mit enorm hohen Infektionswerten. Dabei wurde deutlich, dass die Situation des ländlichen Raums mit den Begriffen »abgehängt« und »isoliert« nur unzureichend beschrieben ist. Pendlerverflechtungen und kleinteilige Betriebsstrukturen, aber auch die höhere Zahl an alten und hochaltrigen Menschen begüns-

1 Vgl. Kersten/Rixen, Der Verfassungsstaat in der Corona-Krise, S. 21f.; Simmank/Vogel, Das SOFI geht aufs Land.

tigen auch an diesen Orten die Ausbreitung des pandemischen Geschehens. Letztlich verstärkt die Corona-Krise bereits bestehende soziale Unterschiede und Ungleichheiten.[2] Wenn man die sozialräumliche Entwicklung insgesamt in den Blick nimmt, haben sich inzwischen »Abgehängt-Sein« und »Selbst-Isolierung« überlagert: Der Verlust von Sozialen Orten, der sich auch im zunehmenden Ausfall und Rückbau von öffentlichen Gütern, Daseinsvorsorge und Infrastrukturen in benachteiligten Stadtquartieren in Ballungs- und Wachstumsregionen sowie in schrumpfenden Gemeinden und ganzen Regionen manifestiert, wurde durch die private und soziale »Selbst-Isolierung« in der Pandemie nur noch weiter verstärkt. Nun fällt auch die soziale Belebung der wenigen verbliebenen öffentlichen Begegnungsorte aus; und dies nicht nur im »Lockdown«, sondern auch durch das mit der Pandemie einhergehende »physical distancing« und die grundsätzlich gebotene Zurückhaltung im sozialen Kontakt.[3] Auf diese Weise verstärkten sich »Abgehängt-Sein« und »Selbst-Isolierung« zu einer Gefährdung des Zusammenhalts unserer Gesellschaft.

Vor diesem Hintergrund lässt sich ein allgemeiner Entwicklungstrend festhalten, der seit der Corona-Krise nur umso deutlicher hervortritt: Der Bundesrepublik fehlt es zunehmend an Sozialen Orten, an denen wir uns öffentlich begegnen und sozial engagieren (können), um unsere Gesellschaft gemeinsam demokratisch zu gestalten.[4] Zugleich erleben wir einen sozialräumlichen Paradigmenwechsel. In der klassischen Industriegesellschaft entfaltete sich der gesellschaftliche Zusammenhalt »automatisch« dort, wo öffentliche Güter, Infrastrukturen und Daseinsvorsorge vorgehalten wurden: Gesundheit, Arbeit, Bildung, Kommunikation, Kultur, Mobilität, Energie, Wasserversorgung und Abfallentsorgung. Auf dieser Erkenntnis beruhte das Zentrale-Orte-Konzept, das mit seiner funktionalen und symmetrischen Vernetzung von Unter-, Mittel- und Oberzentren den gesellschaftlichen Zusammenhalt sicherte. Durch den sozialräumlichen Strukturwandel, der sich in dem asymmetrischen Wegfall von öffentlichen Gütern, Daseinsvorsorge und Infrastrukturen niederschlägt, verliert das Zentrale-Orte-Konzept seine gesamtgesellschaftliche Integrationskraft. Doch in den Zeiten zunehmender »territorialer Ungleichheit«[5] müssen wir zweierlei leisten: Zum

2 Vgl. Kersten/Rixen, Der Verfassungsstaat in der Corona-Krise, S. 33f.

3 Vgl. Kersten/Rixen, Der Verfassungsstaat in der Corona-Krise, S. 31ff.

4 Vgl. Wiebicke, Zu Fuß durch ein nervöses Land, S. 321.

5 Vgl. zum Begriff der territorialen Ungleichheit Neu, Territoriale Ungleichheit, S. 8ff.

einen ist es notwendig, die Funktionen des Zentrale-Orte-Konzepts neu zu bestimmen. Zum anderen ist es unabdingbar, das Zentrale-Orte-Konzept um ein Soziale-Orte-Konzept zu ergänzen, um den gesellschaftlichen Zusammenhalt zu fördern. In der vulnerablen Gesellschaft, die sich in der gegenseitigen Verstärkung von demografischem und (post-)pandemischem Wandel abzeichnet, müssen wir ganz bewusst auf die Entfaltung des Wechselverhältnisses von Sozialen Orten einerseits und öffentlichen Gütern, Infrastrukturen und Daseinsvorsorge andererseits achten.

Aus allen diesen Gründen beruht die »territoriale Ungleichheit« in der Bundesrepublik nicht alleine auf dem Verlust von Daseinsvorsorge, Infrastrukturen und öffentlichen Gütern. Vielmehr kommt es maßgeblich auch darauf an, ob und wie sich auf dieser sozialstaatlichen Grundlage Soziale Orte entfalten: In manchen Gegenden der Bundesrepublik finden wir eine stabile Wirklichkeit Sozialer Orte, in anderen dünnen sie aus, verschwinden oder bestanden noch nie. Wo sich Soziale Orte verflüchtigen, wird der gesellschaftliche Zusammenhalt zunächst riskant, bevor er schließlich zerfällt. Die individuellen und gesellschaftlichen Kosten territorialer Ungleichheit für unser Gemeinwesen sind also hoch. Für die Entfaltung der individuellen Lebensverhältnisse und Lebenschancen von Bürgerinnen und Bürgern macht heute nicht nur die soziale, sondern auch die örtliche Herkunft einen eklatanten Unterschied. Auch unser demokratisches Gemeinwesen leidet unter zunehmender räumlicher Polarisierung und Segregation: Soziale und territoriale Armutslagen verfestigen sich, Regionen verlieren den Anschluss und soziale Milieus begegnen sich immer weniger im öffentlichen Raum. Zusammenhalt wird als gefährdet erlebt und viele Bürgerinnen und Bürger glauben, dass ihre Belange, Nöte und Sorgen in »Berlin« keine Rolle spielen – all dies gefährdet die Grundlagen unserer Demokratie. Dabei sind die individuelle Freiheit und Gleichheit der Bürgerinnen und Bürger, die Garantie gleichwertiger Lebensverhältnisse und die Entfaltung unserer Demokratie verfassungspolitisch und verfassungsrechtlich unmittelbar miteinander verknüpft. Sie bedingen einander und werden deshalb sowohl durch soziale als auch durch territoriale Ungleichheit gefährdet. Aus diesem Grund liegt die Gewährleistung des gesellschaftlichen Zusammenhalts von Gemeinden, Regionen, Ländern und der Bundesrepublik im individuellen und demokratischen Interesse aller Bürgerinnen und Bürger.

Es kommt also darauf an, Soziale Orte gezielt zu fördern, wiederzubeleben und neu zu begründen. Das ist der Zweck und das Ziel des Soziale-Orte-Konzepts, das auf das wechselseitige Ergänzungsverhältnis von Sozialen

Orten auf der einen Seite und öffentlichen Gütern, Infrastrukturen und Daseinsvorsorge auf der anderen Seite setzt, um individuelle und soziale Anerkennung und Vertrauen, Gleichwertigkeitserfahrung und positive Zukunftserwartungen zu begründen. Ohne Daseinsvorsorge, Infrastrukturen und öffentliche Güter gibt es keine Sozialen Orte, an denen Gesellschaft sich begegnet. Aber ohne Soziale Orte werden öffentliche Güter, Infrastrukturen und Daseinsvorsorge auch nicht gesellschaftlich belebt: Gesellschaftlicher Zusammenhalt entfaltet sich im wechselseitigen Zusammenspiel aus Daseinsvorsorge, Infrastrukturen, öffentlichen Gütern – und Sozialen Orten.

Das Soziale-Orte-Konzept möchte (s)einen Beitrag zur Gewährleistung des gesellschaftlichen Zusammenhalts, gleichwertiger Lebensverhältnisse und sozialer Demokratie leisten. Um das Soziale-Orte-Konzept zu entfalten, soll zunächst auf den Begriff (2.), die Wahrnehmung (3.) und die Produktion (4.) des gesellschaftlichen Zusammenhalts eingegangen werden. Auf dieser Grundlage gilt es, sodann die Verfassung des gesellschaftlichen Zusammenhalts im Grundgesetz zu skizzieren (5.), die den Rahmen für die rechtliche Kontur des Soziale-Orte-Konzepts (6.) bildet. Wir schließen mit einem programmatischen Ausblick (7.).

2. Der Begriff des gesellschaftlichen Zusammenhalts

Was, wer und wo hält die Gesellschaft zusammen? Das ist keine neue Frage, die erst heute an die Soziologie oder Sozialforschung herangetragen wird. Wie moderne Gesellschaften zusammenhalten, ist die Gründungsfrage der Soziologie – ja noch mehr: Sie war die Begründungsfrage für die Entwicklung der relativ jungen Disziplin der Soziologie, die ihre Karriere in Zeiten tiefgreifender gesellschaftlicher Umbrüche und Neuordnungsprozesse Ende des 19. Jahrhunderts begonnen hat: Urbanisierung, Industrialisierung und Pluralisierung sind hier zentrale Stichworte. Die ständische Ordnung »verdampfte«, neue soziale Klassen formierten sich und die gesellschaftlichen Interessen wurden vielfältiger. Kein Wunder, dass die zentralen Denker des Zusammenhalts alle aus der Gründungsphase der Soziologie, als Orientierungsdisziplin des Industriezeitalters, kommen. Karl Marx und Friedrich Engels waren der Auffassung, dass sich im Angesicht des Elends in den englischen Fabrikhallen und Kohlegruben eine neue »Klasse an und für sich« formieren würde, die neue kohäsive Kräfte im Kampf für eine Gesellschaft ohne Klassengegensätze entwickeln sollte.[1] Auch der Kieler Soziologe Ferdinand Tönnies brachte bereits 1887 das sich in der Industriegesellschaft verändernde Zusammenleben auf das Spannungsfeld von »Gemeinschaft« und »Gesellschaft«.[2] Wo finden wir Solidarität, wo Eigennutz? Émile Durkheim spricht von der Festigkeit des »lien social«.[3] Wie reißfest sind die sozialen Bande in den neuen Konflikten des sich etablierenden Kapitalismus? Bei Max Weber geht es um den Aufbau

1 Vgl. Marx/Engels, Manifest der Kommunistischen Partei.

2 Vgl. Tönnies, Gemeinschaft und Gesellschaft.

3 Vgl. Durkheim, Über soziale Arbeitsteilung.

einer staatlichen Bürokratie, die auf der einen Seite die Marktgesellschaft ermöglicht, auf der anderen Seite deren zentrifugale Kräfte einhegt.[4]

Die soziale Frage war und ist die Frage nach Stabilität und Kohäsion, nach zeitgemäßen Institutionen, die im Wandel Sicherheit geben, und die Frage nach einer Neubegründung des Sozialen – das eben nicht mehr nur gegeben und selbstverständlich, sondern auch aufgegeben ist und gestaltet werden muss. Die Soziologie stellt in diesem Zusammenhang die Frage nach der Institutionalisierung des Sozialen, nach der Stabilität und Dauerhaftigkeit gesellschaftlicher Beziehungen und sozialen Handelns. Es geht immer wieder um das Wunder, dass wir es zusammen aushalten, und dass es gelingt, die Furcht voreinander einzuhegen. In einem Satz: Wenn es um Zusammenhalt geht, dann stehen die Grenzen der Gemeinschaft und die Möglichkeiten der Gesellschaft zur Diskussion.[5]

Die Kategorie des »Zusammenhalts« ist auf diese Weise ein starker Platzhalter für die Frage, wie und wo gesellschaftliche Verbindungen und Verbindlichkeiten entstehen, die neben dem Wissen, »sicher« zu sein, auch Freiheitsspielräume, Mobilität, Aufstieg, Innovation, Weiterkommen, Fortschritt ermöglichen. Wie ist also gesellschaftlicher Zusammenhalt möglich? Ihre Schärfe gewinnt diese Frage stets in Zeiten weitreichender gesellschaftlicher Umbrüche. Das ist heute im Lichte der Pandemie in besonderer Weise der Fall. Hinzu kommen die oben bereits skizzierte anhaltende Dynamik des demografischen Wandels durch Alterung und Zuwanderung,[6] wachsende sozioökonomische Disparitäten,[7] die durch den technologischen Wandel der Digitalisierung von Arbeit und Leben beschleunigt werden, aber auch sich vertiefende sozialräumliche Ungleichheiten innerhalb urbaner Räume oder zwischen Stadt und Land.[8] Die Komplexität der benannten Transformationsprozesse stellt die Tragfähigkeit des Zusammenhalts in Frage. Doch diese Infragestellung ist nicht nur eine soziologische Übung, sondern eine Entwicklung, die an die Grundfesten der Demokratie geht.

---

4 Vgl. Weber, Wirtschaft und Gesellschaft.

5 Vgl. Plessner, Grenzen der Gemeinschaft. Eine Kritik des sozialen Radikalismus.

6 Vgl. Kersten/Neu/Vogel, Demografie und Demokratie.

7 Vgl. Fink/Hennicke/Tiemann, Ungleiches Deutschland (Disparitätenbericht 2019).

8 Vgl. Helbig/Jähnen, Wie brüchig ist die soziale Architektur unserer Städte?; Simmank, Wohnen auf dem Land. Infrastrukturen für »gleichwertige Lebensverhältnisse«; Vogel, Wie geht es weiter in Dorf und Kleinstadt?

Denn mit der Problematisierung des gesellschaftlichen Zusammenhalts wird immer auch der Bestand einer offenen Gesellschaft angesprochen; eine offene Gesellschaft, die durch den Rechtsstaat Grenzen setzt und Freiheit gibt, und die durch den Wohlfahrtsstaat Sicherheit gewährleistet und Aufstiege ermöglicht. Eine soziologische Grundfrage bleibt daher die Frage nach den sozialen Bindekräften. Wer und was hält offene Gesellschaften zusammen?

Wenn wir versuchen, Zusammenhalt an dieser Stelle näher zu definieren, dann sind zunächst *subjektive Erfahrungen* und *strukturelle Voraussetzungen* zu unterscheiden: Zusammenhalt als subjektive Erfahrung ergibt sich aus dem Vertrauen in das soziale Umfeld, aus der Erfahrung der Gleichwertigkeit der Lebensverhältnisse und aus der Möglichkeit, ein zukunftsbezogenes Leben zu führen. Zusammenhalt in struktureller Hinsicht basiert auf dem Vorhandensein öffentlicher Güter und Infrastrukturen, die auf unterschiedliche Weise hergestellt werden können: staatlich-kommunal, zivilgesellschaftlich, unternehmerisch. Die zentralen Stichworte in der Debatte um die Voraussetzungen gesellschaftlichen Zusammenhalts sind daher *Vertrauen, Gleichwertigkeitserfahrung, positive Zukunftserwartungen* und das *Vorhandensein leistungsfähiger öffentlicher Güter* sowie *ausreichende Angebote der Daseinsvorsorge*. Gesellschaftlicher Zusammenhalt ist ein Prozess, der »vor Ort« in lokalen, sozialräumlichen Lebenswelten stattfindet. Hier geht es um Fragen der Zugehörigkeit, Partizipation und Integration sowie um die Möglichkeiten der Bewältigung selbstgesteckter Lebens- und Statusziele. Sozialräumliche Faktoren spielen für die Ermöglichung gesellschaftlichen Zusammenhalts eine zentrale Rolle.

Gefährdungen des Zusammenhalts ergeben sich hingegen durch Erfahrungen der Zurückweisung oder verweigerter Teilhabe sowie durch Verunsicherungen der eigenen Lebensführung. Wenn Menschen nicht nur individuell, sondern auch bezogen auf ihr soziales Umfeld das Gefühl haben, dass das Leben in ihrer Nachbarschaft nicht mehr harmonisch, das Arbeiten im Betrieb nicht mehr reibungslos, die öffentliche Infrastruktur nicht mehr funktionstüchtig und die materiellen Lebensbedingungen nicht mehr statussichernd sind, dann kann die Unzufriedenheit mit einzelnen Lebensbereichen in eine wahrgenommene Schwächung des sozialen Zusammenhalts umschlagen. Mit der Frage nach dem Bestand des gesellschaftlichen Zusammenhalts werden aber auch gesamtgesellschaftliche Ungleichheiten zum Thema. Diese sind für die Menschen oftmals in ihren konkreten Alltagsbezügen kaum erfahrbar, weil sie sich weit über den eigenen lebensweltlichen Erfahrungsraum hinaus erstrecken. Ungleichheiten zwischen sozialen Schichten, Milieus oder zwischen Regionen oder Stadtteilen gefährden den gesellschaftlichen Zusammenhalt erst dann und in dem Maße, wie Formen des Interessensausgleichs und der wechselseitigen Toleranz (oder auch Gleichgültigkeit) und damit die Legitimität der Ungleichheitsordnung in Frage stehen. Die Wahrnehmung von Gefährdungen des gesellschaftlichen Zusammenhalts, mit Blick auf das soziale Ganze, muss keineswegs mit Gefährdungen des Zusammenhalts im sozialen Nahbereich oder in lokalen Lebensverhältnissen in Stadtteil und Dorf einhergehen. Der Vertrauensverlust in politische Institutionen oder der Legitimationsverlust sozialer Ungleichheiten kann individuell durch einen funktionierenden Zusammenhalt in der eigenen Lebenswelt abgemildert werden – ja, die eigene Lebenswelt kann sogar demonstrativ gegen das gesellschaftlich Allgemeine gestellt werden: in autoritärer Absicht, aber auch in dem Bemühen, lokale Demokratie zu stärken. Wenn beides zusammentrifft, also der Eindruck entsteht, dass die gesellschaftlichen Zustände sich vor Ort auseinanderentwickeln und zugleich die Institutionen der Gesellschaft keine Bindekraft mehr entfalten können, dann entsteht eine Dynamik wechselseitiger negativer Verstärkung.

Gesellschaftlicher Zusammenhalt jenseits familiärer oder verwandtschaftlicher Bindungen bzw. jenseits lokaler Verpflichtungen oder korporativer Solidarität (z. B. in Gewerkschaften und Verbänden) ist immer das Ergebnis einer gestaltenden Gesellschaftspolitik.[9] Die Aufgabe demokratischer Politik ist es, den sozialen Zusammenhalt in einer offenen und pluralen Gesellschaft zu fördern. Eine herausragende Rolle kommt hierbei – in der sozialwissenschaftlichen Diskussion oft wenig beachtet – der öffentlichen Hand zu. Sie ermöglicht Leistungen der Daseinsvorsorge, den Zugang zu sozialen Infrastrukturen und die Sicherung von öffentlichen Gütern.

Hinzutreten, als wesentliches Kapital unserer Gesellschaft, das Engagement der Verbände, eine vielerorts aktive Zivilgesellschaft und insbesondere im lokalen Raum Unternehmen, die sich in Gemeinwohlverantwortung sehen. Es gilt daher festzuhalten, dass sozialer Zusammenhalt eine gesellschaftliche Arbeitsleistung ist, die an unterschiedlichen Orten erbracht wird und die viele Akteure braucht, welche ein Interesse an der Verbindung von kollektivem Gemeinwohl und individueller Freiheit haben.[10] Die Herstellung öffentlicher Güter und Dienstleistungen steht allerdings immer auch in einem Spannungsfeld finanzpolitischer Restriktionen, wachsender bürgerschaftlicher Ansprüche und normativer Anforderungen an die demokratische Gestal-

9 Vgl. Kaufmann, Herausforderungen des Sozialstaates.

10 Vgl. Vogel, Gemeinwohl und öffentliche Güter.

tung der Gesellschaft.[11] Sie sind Gegenstand von Teilhabeforderungen und Verteilungskonflikten, bei denen Individual- und Gruppeninteressen in Widerstreit zum Allgemeinwohl geraten. Die Diskussion um öffentliche Güter und Infrastrukturen wird darüber hinaus immer stärker mit Fragen sozialer, regionaler und materieller Ungleichheit in Verbindung gebracht. Die Verfügbarkeit oder der Mangel bzw. die Unzugänglichkeit der öffentlichen Güter und Dienstleistungen bringen wachsende gesellschaftliche Disparitäten zum Ausdruck. Dabei erhalten sie unter pandemischen Vorzeichen und mit Blick auf die mit der epidemiologischen Krise verknüpfte Staatsschuldenkrise eine neue Aufmerksamkeit. Es geht zum einen um die Inanspruchnahme öffentlicher Güter und Dienstleistungen als Handlungsressourcen; zum anderen verlieren sie den Charakter staatlich gewährleisteter Selbstverständlichkeiten. In immer mehr Bereichen sind öffentliche Güter das Ergebnis der Koproduktion von Mitarbeitenden des öffentlichen Dienstes, der ehrenamtlich Engagierten, aber auch von Konsumentinnen und Konsumenten und Wirtschaftsunternehmen. In diesem Zusammenhang wird deutlich, dass die Zukunft öffentlicher Güter und Dienstleistungen auch in Verbindung zu Fragen der Gestaltung von Digitalisierung steht. Folgen der Digitalisierung der öffentlichen Güter und Dienstleistungen können die Rationalisierung und Ausdünnung ihres Angebots sein, aber auch ihre Effektivität sowie ihre zeitlich und räumlich weiterreichende Verfügbarkeit.[12]

Mit der Verteilung öffentlicher Güter, daseinsvorsorgender Infrastrukturen und Dienstleistungen kommen schließlich Fragen sozialer Gerechtigkeit und Demokratieentwicklung in den Blick. Bezugspunkt ist das im Grundgesetz verankerte Gebot der Gleichwertigkeit der Lebensverhältnisse:[13] Dieses Gebot ist angesichts sozialräumlicher Spaltungen zunehmend gefährdet. Wem wird genommen und wem wird gegeben? Diese Frage berührt die innere Mechanik moderner Gesellschaften. Probleme der Legitimation und Gerechtigkeit, der sozialen Balance und der Akzeptanz von Ungleichgewichten kommen ins Spiel. Das Spannungsfeld, in dem die Gewährleistung und auch die Verantwortungsübernahme für öffentliche Güter und Dienstleistungen steht, spannt sich als Viereck unterschiedlicher Akteure und Interessen auf: Staat, Zivilgesellschaft, Unternehmen und Familien. Dieses Viereck hat

11 Vgl. Schultheis/Vogel/Mau, Im öffentlichen Dienst.

12 Vgl. Grimm et al., Die Praxis des Zusammenhalts in Zeiten gesellschaftlicher Verwundbarkeit.

13 Vgl. Kersten/Neu/Vogel, Gleichwertige Lebensverhältnisse.

gesellschaftstheoretische und -diagnostische Aussagekraft. Aber es strukturiert auch ein empirisches Programm einer Sozioanalyse, die die gesellschaftlichen Verhältnisse vom Gemeinwohl und den öffentlichen Angelegenheiten her denkt. Das gilt im Hinblick auf das Zusammenwirken der Akteure, bezüglich präsenter und kommender Konfliktpotenziale sowie der damit verknüpften Macht- und Herrschaftsbeziehungen, aber auch hinsichtlich der Normativitätsressourcen, die öffentliche Güter und Dienstleistungen tragen. Dies in Rechnung stellend, bleibt die Frage: Wie können neue gesellschaftliche Institutionen und demokratische Strukturen des Zusammenhalts entwickelt werden? Denn öffentliche Güter und Daseinsvorsorgeangebote sind kein Katalog fixer Institutionen, deren Vorhandensein abgefragt werden kann, um die Frage zu klären, wie gut oder schlecht es um den Zusammenhalt bestellt ist. Öffentliche Güter und Dienstleistungen sind zudem nicht einfach gegeben, sondern werden unter bestimmten Bedingungen hergestellt. Doch diese Seite öffentlicher Arbeit und öffentlicher Güterproduktion spielt in der soziologischen Debattenlandschaft bislang nur eine nachgeordnete Rolle. Diese gesellschaftlich zu erbringende Arbeitsleistung steht gegen die wachsende Dynamik sozialräumlicher Desintegration und Spaltung sowie gegen die mehr oder weniger schleichende »Entleerung« demokratischer Institutionen.

Zur Krise des gesellschaftlichen Zusammenhalts zählen nicht zuletzt der »Institutionenverdruss« und der Abschied von der Verantwortung für das Gemeinwesen, die sich mehr und mehr in den etablierten Zonen der Gesellschaft finden. Diese Entwicklungen sind eng mit den Veränderungen der Erwerbsarbeit verknüpft. In der Fragmentierung von Biografien, der Spaltung von Belegschaften, in den Erfahrungen von Unsicherheit und Unverbindlichkeit, in der Selektivität von Schutzrechten, im Kampf um Statussicherung in der Arbeitswelt. Denn auch in der Mitte der Gesellschaft artikulieren sich »Wohlstandskonflikte«[14], wenn etablierte Berufsgruppen um die Stabilität ihrer Positionen gerade auch in der Generationenfolge fürchten, bzw. wenn eingeschlagene Karrierewege nicht ohne weiteres fortsetzbar erscheinen.

14 Vogel, Wohlstandskonflikte.

3. Die Wahrnehmung des gesellschaftlichen Zusammenhalts

Rücken wir in diesen harten Zeiten näher zusammen? Macht uns die tiefgreifende Erfahrung eigener Verletzlichkeit empfänglicher für das Leid der anderen? Wird uns nichts anderes übrigbleiben, als in Zukunft solidarischer zu sein?[1] Oder treiben uns die wachsenden und durch die Pandemie verschärften sozialen Ungleichheiten weiter auseinander? Die empirische Zusammenhaltsforschung erfährt – nicht erst seit der Corona-Pandemie – seit einigen Jahren besondere Aufmerksamkeit. Strukturwandel, soziale Auf- und Abstiege, Krise und Transformation, Integration und Desintegration kennzeichnen moderne Gesellschaften. Das Ineinandergreifen globaler Transformationsprozesse – demografischer Wandel, Klimakrise, Finanzcrash, Digitalisierung, Pandemie – provoziert die Frage nach dem, »was uns zusammenhält«.

Unter dem Druck der angesprochenen Transformationsprozesse beginnen soziale Klassen und Milieus sich ihre eigene »deep story« (Arlie Russel Hochschild) zu erzählen. Narrative der Deklassierung und des Abgehängtseins finden ihren Platz längst auch jenseits der Quartiere der Armen und Langzeitarbeitslosen. Nun also doch nur wieder die Rhetorik des Verlustes? Das wohlfeile Lied der gesellschaftlichen Lagerbildung und Spaltung? Anstelle des Aufrufs zu mutiger Solidarität? Die Antwort kann nur heißen: weder das eine noch das andere, sondern hinschauen, was wir wissen und empirisch belegen können. Dann eröffnen sich Ansatzpunkte jenseits moralischer Appelle nach einer »guten Gesellschaft« für eine aktive Politik des Zusammenhalts. Da ist der Wert öffentlicher Güter und Dienstleistungen genauso im Blick zu behalten wie die sozialen Spaltungs- und Segregationslinien, die Corona verschärft: »Place matters«. Zudem tut es dringend Not, Einsamkeit einmal

1 Vgl. Bude, Solidarität.

nicht als Phänomen des Alters, sondern der Jugend zu betrachten und den Zusammenhang zwischen Einsamkeit und öffentlicher Infrastruktur auszuleuchten. Und den Form- und Funktionswandel bürgerschaftlichen Engagements nicht als Verfallsgeschichte des Gemeinwohls zu erzählen. Zusammenhaltsnarrative sind eben auch Diskursräume, die die Imagination einer guten, solidarischen, ganzheitlichen Gesellschaft aufrufen oder das Bild einer resilienten, konflikt- und konsensfähigen demokratischen Gesellschaft. Deshalb ist es notwendig, das Verhältnis von Kitt und Konflikt (3.1), von Gleichwertigkeit und Segregation (3.2), von Einsamkeit und Infrastruktur (3.3), von Verlust und Verachtung (3.4) und von gesellschaftlicher Lage und persönlicher Situation (3.5) genauer in den Blick zu nehmen.

3.1 Kitt und Konflikt

Bereits vor der Corona-Krise zeichnete sich ein seltsames Paradoxon ab: Die Deutschen sind mit ihrem Leben so zufrieden wie noch nie und sorgen sich doch um den gesellschaftlichen Zusammenhalt. So stieg die Lebenszufriedenheit der Deutschen in den vergangenen Jahren kontinuierlich an,[2] und sie hat auch während der Corona-Pandemie zuerst nur einen leichten Dämpfer, im Verlauf dann einen etwas stärkeren Rückgang erfahren.[3] Dieses pandemische Tief war aber nicht von Dauer: Die Lebenszufriedenheit der Deutschen hat im Sommer 2021 bereits wieder das Vor-Corona-Hoch erreicht.[4] Zugleich wird auch der Zusammenhalt im persönlichen Umfeld von einer überwiegenden Mehrheit der Bundesbürgerinnen und Bundesbürger positiv gesehen. So schätzten etwa zwei Drittel der Befragten im »Radar gesellschaftlicher Zusammenhalt 2017« der Bertelsmann Stiftung den Zusammenhalt in ihrer Nachbarschaft als positiv ein, zeigten jedoch einen eher getrübten Blick auf die Lage der Nation: drei Viertel der Befragten gaben mit Blick auf die deutsche Gesellschaft insgesamt an, den Eindruck zu haben, der gesellschaftliche Zusammenhalt sei zumindest teilweise gefährdet.[5] Kurz gesagt, gilt für vie-

---

2 Vgl. Grimm/Raffelhüschen, Post Glücksatlas 2020.

3 Vgl. Unzicker/Follmer/Brand/Hölscher, Zusammenhalt in Zeiten von Corona; Entringer/Kröger, Weiterhin einsam und weniger zufrieden.

4 Vgl. Pennekamp, Deutsche zufrieden wie vor der Krise.

5 (Starken) Zusammenhalt definiert die Bertelmann Stiftung durch folgende Kriterien: belastbare soziale Beziehungen, eine positive emotionale Verbundenheit mit dem Gemeinwesen und eine ausgeprägte Gemeinwohlorientierung. Vgl. Arant/Dra-

le: Mir geht es gut, aber dem Land geht es schlecht. Große Sorgen um den Zusammenhalt in der Gesellschaft machten sich 2019 in Westdeutschland sogar rund ein Drittel (31 Prozent) der jährlich im Sozio-oekonomischen Panel (SOEP) befragten Bürgerinnen und Bürger, in Ostdeutschland deutlich mehr als ein Drittel (37 Prozent).[6] In ähnliche Richtung gehen auch die Ergebnisse der »More in Common«-Studie aus dem Jahr 2019. Hier teilten gut 70 Prozent der Befragten die Einsicht, dass es für die Zukunft unseres Landes wichtig sei, trotz unterschiedlicher Ansichten zusammenzuhalten. Doch den Glauben an den gesellschaftlichen Zusammenhalt scheinen viele mittlerweile verloren zu haben: Eine knappe Mehrheit (53 Prozent) glaubte, die Unterschiede zwischen den Menschen seien mittlerweile so groß, dass es keinen gesellschaftlichen Zusammenhalt mehr geben könne.[7]

Selbst wenn es aufgrund des verschiedenen Studiendesigns und der unterschiedlichen Fragestellungen keine direkte Vergleichbarkeit im Hinblick auf die Sorgen um den gesellschaftlichen Zusammenhalt gibt, so lässt sich dennoch klar erkennen: (Guter) Zusammenhalt ist eine Angelegenheit des Nahraums, des persönlichen Umfeldes, des Wohnquartiers. Darüber hinaus lässt sich Zusammenhalt schon deutlich schlechter »fassen«, wohl auch schwerer direkt erleben. Hier zeigt sich: Das Gefühl der Erosion des gesellschaftlichen Zusammenhalts hat bereits weite Teile der Gesellschaft ergriffen. Selbst in deutlich kleinräumigeren Untersuchungseinheiten, wie etwa den beiden Landkreisen Saalfeld-Rudolstadt und Waldeck-Frankenberg, die im Rahmen des Projektes »Das Soziale-Orte-Konzept« untersucht wurden, findet sich diese Spaltung zwischen positivem Zusammenhalt im persönlichen Umfeld und der besorgten Sicht auf das »Große Ganze«.[8] Nach der Einschätzung des gesellschaftlichen Zusammenhalts insgesamt und ganz allgemein befragt, stellen auch die Bewohner des thüringischen

golov/Boehnke, Sozialer Zusammenhalt in Deutschland 2017, S. 12f.; auch Osztovics/Kovar/Fernsebner-Kokert, Wir und die anderen.

6 Vgl. Statistisches Bundesamt, Datenreport 2021, S. 416.

7 Krause/Gagné, Die andere deutsche Teilung, S. 30f.

8 Um herauszufinden, wie die Menschen in Saalfeld-Rudolstadt und Waldeck-Frankenberg den gesellschaftlichen Zusammenhalt wahrnehmen, welche Voraussetzungen lokaler Zusammenhalt braucht und wer dafür Verantwortung trägt, führte das Projektteam im Frühjahr/Sommer 2019 eine Online-Umfrage in beiden Landkreisen durch. Auch wenn aufgrund der Stichprobengröße keine repräsentativen Aussagen möglich sind, zeigen die Ergebnisse wichtige Entwicklungen auf, die den Befunden größerer, überregionaler Studien entsprechen.

und hessischen Landkreises dem gesamtgesellschaftlichen Zusammenhalt schlechte Noten aus. Die überwiegende Mehrheit sieht den Zusammenhalt in Deutschland als schwach oder eher schwach an. Saalfeld-Rudolstadt ist in seiner Einschätzung noch pessimistischer als der hessische Landkreis (Abbildung 1).

Abbildung 1: Bewertung Zusammenhalt in Deutschland (LK Waldeck-F., Saalfeld-R.)

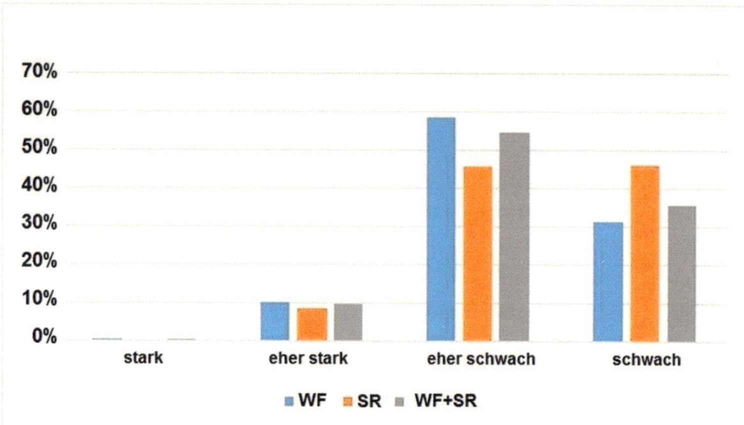

Quelle: Eigene Erhebung. WF = Landkreis Waldeck-Frankenberg, SR = Landkreis Saalfeld-Rudolstadt.

Zudem glauben die Befragten mit überwältigender Mehrheit, die gesellschaftlichen Bindungskräfte seien in der Vergangenheit – in den zurückliegenden zehn Jahren – schwächer geworden. Nur eine verschwindende Minderheit will eine Verbesserung des gesellschaftlichen Zusammenhalts in Deutschland erkennen (Abbildung 2).

Abbildung 2: Bewertung Entwicklung Zusammenhalt (LK Waldeck-F., Saafeld-R.)

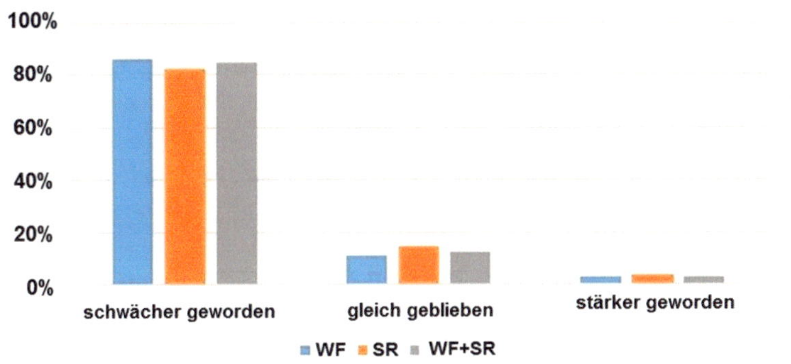

Quelle: Eigene Erhebung. WF = Landkreis Waldeck-Frankenberg, SR = Landkreis Saalfeld-Rudolstadt.

3.1.1 Zusammenhalt in pandemischen Zeiten

Die Pandemie ist ein globales Ereignis. Dementsprechend erfordert die Bekämpfung der Corona-Krise alle Kräfte: Politik, Wirtschaft, Daseinsvorsorge und das Engagement aller Bürgerinnen und Bürger. Stehen wir als Gesellschaft nun näher zusammen oder driften wir weiter auseinander? Wie wir jetzt wissen, haben den ersten Lockdown viele Menschen doch ganz gut verkraftet. So belegen die Ergebnisse der Bertelsmann Studie »Gesellschaftlicher Zusammenhalt 2020«, dass die Deutschen in den ersten Monaten der Pandemie eine stärkere Solidarität verspürten, der gesellschaftliche Zusammenhalt sich in der Einschätzung der Befragten sogar verbesserte. Doch nicht alle sahen das so: Einige gesellschaftliche Gruppen schätzten durchgängig den Zusammenhalt weniger gut ein als der Durchschnitt der Befragten. Am gelingenden Zusammenleben zweifeln vor allem Menschen mit niedriger Bildung und geringem Einkommen, Migrantinnen und Migranten, Alleinerziehende und Alleinlebende.[9] Zu ähnlichen Ergebnissen kommt auch die SOEP-CoV-

9 Vgl. Brand/Follmer/Unzicker, Gesellschaftlicher Zusammenhalt in Deutschland 2020, S. 9f., 71.

Studie (November 2020): 47 Prozent der Befragten glaubten, dass der Umgang mit Corona gezeigt habe, dass man sich auf den gesellschaftlichen Zusammenhalt verlassen könne, 42 Prozent antworteten »teils/teils« und nur 11 Prozent der Befragten gaben an, dass diese Aussage nicht zuträfe. Die Befragten zeigten mithin kein uneingeschränktes Vertrauen in den gesellschaftlichen Zusammenhalt. Dies traf auch in dieser Befragung insbesondere auf Personen am unteren Ende der Einkommensverteilung zu. Sie wiesen eine signifikant geringere Wahrnehmung gesellschaftlichen Zusammenhalts auf als andere Bevölkerungsgruppen.[10] Es zeigt sich also, dass diejenigen, die auch vor der Corona-Krise enge soziale Bindungen hatten, sich gut integriert fühlten und einen guten Zusammenhalt erlebten, die Krise besser meisterten und sich weniger einsam als die Menschen fühlten, die große Zukunftssorgen plagen. Zudem verschärften die coronabedingten Belastungen wie Unterricht zu Hause, fehlende institutionelle Unterstützung und auch Arbeitslosigkeit die Gefahr der sozialen Exklusion. Dies sahen auch die im Auftrag der Bertelsmann Stiftung Befragten selbst so: So glaubte im Sommer 2020 knapp die Hälfte (48 Prozent), dass sich die sozialen Unterschiede durch Corona vergrößert hätten. 12 Prozent nahmen sogar an, dass sie sich stark vergrößert hätten. Nur ein Fünftel sah hier eine soziale Annäherung und Abschwächung sozialer Unterschiede. Nach ihrer Einschätzung gefragt, wie sich die Pandemie auf den Zusammenhalt *vor Ort* auswirke, waren die Interviewten weniger pessimistisch. Doch auch hier sah ein Viertel (26 Prozent) eine leichte, 5 Prozent sogar eine starke Verschlechterung des lokalen Zusammenhalts. Ein Zusammenrücken verspürten nur gut 10 Prozent (Abbildung 3).[11]

Trotz großer Solidaritätsbekundungen und viel nachbarschaftlichem Engagement in der Gesellschaft bleiben die schon bekannten Trennlinien auch in der Pandemie erhalten. Die ohnehin gut eingebundenen Bevölkerungsteile werden in ihrer Zuversicht bestärkt und erleben die Krise als zusammen(halts)schmiedendes Moment. Demgegenüber sehen sich die Jüngeren (vor allem die unter 30-Jährigen) deutlich mehr belastet und auch diejenigen,

---

10 Vgl. Adriaans et al., Soziale Folgen der COVID-19-Pandemie, S. 82ff.

11 Vgl. Brand/Follmer/Unzicker, Gesellschaftlicher Zusammenhalt in Deutschland 2020, S. 71. Zu sehr ähnlichen Ergebnissen kommt auch die »More in Common«-Zusammenhaltsbefragung aus dem Juli 2020: Von den hier Befragten hielten 28 Prozent die Gesellschaft für gespaltener als vor Corona, nur 21 Prozent erlebten sie als geeinter. Die meisten Befragten (51 Prozent) sahen keine Veränderung – vgl. Krause/Gagné/Höltmann, Vertrauen, Demokratie, Zusammenhalt, S. 21.

Abbildung 3: Entwicklung gesellschaftlichen Zusammenhalts durch Corona-Pandemie

Quelle: Brand/Follmer/Unzicker, Gesellschaftlicher Zusammenhalt in Deutschland 2020, S. 71.

die bereits vor der Corona-Krise viel Kritik an der Demokratie übten und sich »abgehängt« fühlten, nun noch weiter isoliert.[12]

3.1.2 Zusammenhalt und Demokratie

In den pandemischen Tagen verschafften sich diejenigen viel Aufmerksamkeit, die mit den politischen Maßnahmen zur Eindämmung der Pandemie nicht einverstanden waren, während diejenigen, die insbesondere in der dritten pandemischen Welle härtere Schutzmaßnahmen einforderten, in der Öffentlichkeit kaum Gehör fanden. Bürgerliche »Querdenker« demonstrierten Arm in Arm mit Rechtspopulisten, Reichsbürgerinnen und Reichsbürgern, Esoterikerinnen und Esoterikern und fanatischen Impfgegnerinnen und Impfgegnern.[13] Im Streit um gesellschaftliche Positionen wie die Corona-Regeln, die Aufnahme Geflüchteter oder Klimawandel scheinen sich einzelne Gruppierungen im öffentlichen Raum immer unversöhnlicher gegenüberzustehen, mehr an Provokation als an Konsens oder Konfliktlösung interessiert zu sein. Dies muss jedoch keineswegs schon ein Verfallssymptom

12 Vgl. Krause/Gagné/Höltmann, Vertrauen, Demokratie, Zusammenhalt, S. 18ff.; Unzicker/Follmer/Brand/Hölscher, Zusammenhalt in Zeiten von Corona.

13 Vgl. Nachtwey/Schäfer/Frei, Politische Soziologie der Corona-Proteste.

der Demokratie bedeuten. Denn in den vergangenen Jahrzehnten hat sich die Zivilgesellschaft verändert und mit ihr der öffentliche Raum. Bürgerinnen und Bürger sind es heute gewohnt, an gesellschaftlichen Prozessen beteiligt zu werden, für die eigenen Rechte einzutreten und dank sozialer Medien auch »Meinung zu machen«. Einzelne Gruppen – wie die LGBTQI-Bewegung oder Klimaaktivisten – verschaffen sich heute mehr Gehör und werden auch mehr gehört als noch vor einigen Jahren. Die Zivilgesellschaft ist aufgeklärter und partizipativer, aktiver und bunter geworden. Gleichwohl bleiben Demokratien auf eine Mehrheit angewiesen, die sich zu einem Konfliktausgleich bereit erklärt. Besorgniserregend mutet es daher an, dass zunehmend das Vertrauen in demokratische Institutionen, Parteien und politische Gestaltungskraft zu fehlen scheint. Wie bereits in der »More-in-Common«-Studie gezeigt werden konnte, bekennt sich die Mehrheit der Deutschen weiter zu dieser gesellschaftlichen Konsensbildung, dennoch fehlt vielen der Glaube, dass Zusammenhalt noch möglich sei.[14] Dies spiegelt sich auch in den verschiedenen Umfragen der jüngsten Zeit wider, wie etwa den »Mitte-Studien«[15] oder der Studie »Vertrauen in Demokratie«:[16] Diese Studien attestieren den Deutschen zwar ein klares Bekenntnis zur Demokratie, das Institutionen- und Politikvertrauen sowie die Zufriedenheit mit dem politischen Handeln und dem eigenen Einfluss auf politische Prozesse scheint jedoch deutlich erschüttert zu sein. Die Studie »Vertrauen in die Demokratie« kommt zu dem Ergebnis, dass im Jahr 2019 weniger als die Hälfte der Befragten damit zufrieden war, wie die Demokratie in Deutschland funktioniert; in Ostdeutschland waren es gar nur etwas mehr als 30 Prozent. Sozial schlechter gestellte Bürgerinnen und Bürger zeigten besonders wenig Vertrauen in die politischen Institutionen und Ergebnisse. Dies traf auf mehr als 70 Prozent derjenigen zu, die sich selbst der Arbeiter- oder Unterschicht zurechnen, und 67 Prozent der Menschen mit geringem Einkommen. Besonders dramatisch fiel die Einschätzung des gesellschaftlichen Miteinanders in dieser Studie aus: 90 Prozent der Befragten waren der Meinung, der Zusammenhalt hätte gelitten, weil »Egoismus heute mehr zählt als Solidarität«.[17]

Corona hat das Vertrauen in die Demokratie und die Zufriedenheit mit den politischen Maßnahmen zur Bekämpfung der Pandemie erst gestei-

14 Vgl. Krause/Gagné, Die andere deutsche Teilung, S. 8, 30f.

15 Vgl. Zick/Küpper, Die geforderte Mitte, S. 48f.

16 Decker et al., Vertrauen in Demokratie, S. 30f.

17 Vgl. Decker et al., Vertrauen in Demokratie, S. 3.

gert, nun aber stark unter Druck gesetzt. Die aktuellsten Eurobarometer-Umfragen aus dem Frühjahr 2021 deuten auf eine Verschiebung bei der Zufriedenheit mit der Demokratie hin: Waren im Sommer 2020 57 Prozent der Deutschen zufrieden mit der Demokratie, so sank die Zahl der Demokratie-Zufriedenen im Frühjahr 2021 auf 52 Prozent. Gleichzeitig stieg aber die Zahl der sehr Zufriedenen von 15 auf 21 Prozent an. Im gleichen Betrachtungszeitraum verringerte sich auch das Vertrauen der Deutschen in die Bundesregierung auf 54 Prozent (-7 Prozent). Ganz besonders stark sank seit Sommer 2020 die Zufriedenheit der Deutschen mit den Maßnahmen der Bundesregierung zur Bekämpfung der Pandemie. 52 Prozent der befragten Deutschen (-29 Prozent) sind immer noch zufrieden oder sehr zufrieden mit den Maßnahmen, aber offensichtlich wächst die Erwartung an die Regierung: Denn 47 Prozent (+29 Prozent) der Deutschen sind mittlerweile unzufrieden – allerdings aus unterschiedlichen Gründen: Während die einen die Maßnahmen des Gesundheitsschutzes für vollkommen übertrieben halten, geht anderen die politische Handlungsbereitschaft der Regierenden nicht weit genug.[18]

3.1.3 Ehrenamt und Engagement

Für viele Menschen gehören öffentliche Mitwirkung bei Stadtteilfesten, die Mitgliedschaft in einem Verein oder die Übernahme eines Ehrenamtes ganz selbstverständlich zum Leben dazu.[19] Die einen singen im Chor, die ande-

---

18 Vgl. Europäische Union, Die öffentliche Meinung in der EU, S. 9, 14.

19 Umgangssprachlich werden Begriffe wie Ehrenamt und Engagement, Engagierte und Aktive fast synonym verwendet. Gleichwohl gibt es leichte Nuancen in den Begriffsdefinitionen. *Bürgerschaftliches Engagement*: Im Jahr 2002 hatte sich die Enquete-Kommission »Zukunft des bürgerschaftlichen Engagements« dafür ausgesprochen, dass Engagement freiwillig und nicht an wirtschaftlichen Gründen orientiert ist, zumeist gemeinsam ausgeübt wird, sich auf Gemeinwohl und Zusammenhalt richtet und im öffentlichen Raum stattfindet. Der Freiwilligen-Survey unterscheidet zudem zwischen *freiwilligem Engagement*, das weitgehend der Definition von bürgerschaftlichem Engagement entspricht, und *öffentlicher Aktivität*, d. h. wenn Menschen z. B. »nur« Freizeitaktivitäten in einem Verein ausüben oder an Rockkonzerten teilnehmen. In Deutschland ist der Begriff *Ehrenamt* noch immer weit verbreitet: Er fokussiert vor allem auf ein stärker formalisiertes, verbindliches und andauerndes Engagement, das mit der Übernahme eines Amts, das ohne Entgelt und oft neben einer Erwerbstätigkeit ausgeübt wird, verbunden ist. Klassischerweise gehören hierzu Positionen wie Kassenwart oder Chorleiterin, Schöffin oder Kirchenvorstand. Vgl. Deutscher Bundestag, Be-

ren schwimmen im Verein, wieder andere engagieren sich beim *urban gardening* im Stadtteil oder der Umwelthilfe. Die meisten Engagierten wollen aber nicht nur etwas für die Gemeinschaft tun, sondern vor allem in Kontakt mit anderen Menschen kommen, sich austauschen und gemeinsam Freude erleben. Daher ist erlebter Zusammenhalt für sehr viele Menschen ganz entscheidend mit ihrem öffentlichen Engagement und ihrem aktiven Vereinsleben verbunden. Die Folgen des pandemiebedingten Stillstellens des öffentlichen Lebens für Ehrenamt und bürgerschaftliches Engagement lassen sich noch nicht vollständig überblicken. Möglich scheint, dass Menschen sich der sinn- und freudespendenden öffentlichen Aktivitäten wieder stärker bewusstwerden und sich nun vermehrt einbringen wollen. Möglich erscheint aber auch, dass gerade Ankerpunkte des Engagements in ländlichen Räumen und Quartieren verloren gegangen sind und diese Leerstellen nicht einfach wieder gefüllt werden können. Wie sich diese Entwicklung auch darstellen wird: Sie trifft in jedem Fall auf eine Zivilgesellschaft im Wandel. Die öffentliche Mitwirkung und das freiwillige Engagement bleiben weiterhin hoch. Doch steigende Anforderungen in Beruf und Schule sowie veränderte Werthaltungen und Mediennutzung setzen das klassische Ehrenamt unter Druck. Ungebundenes Engagement gewinnt an Boden. Der aktuelle Freiwilligensurvey gibt Auskunft über Art und Umfang des öffentlichen Engagements im Zeitverlauf. Bisher sind fünf Befragungswellen (1999, 2004, 2009, 2014, 2019) gelaufen. Im Jahr 2019 waren 66 Prozent der deutschen Bevölkerung ab 14 Jahren öffentlich und gemeinschaftlich aktiv und 39,7 Prozent sogar freiwillig engagiert. Sie hatten also eine Aufgabe wie etwa Kassenwart oder Trainerin in ihrem Verein oder ihrer Selbsthilfegruppe übernommen. Im Zeitverlauf (1999–2019) zeigt sich in allen Gruppen ein Anstieg der öffentlichen Mitwirkung und des Engagements, wenngleich die Werte 2019 im Vergleich zu 2014 stagnieren bzw. minimal rückläufig sind (2014 öffentlich aktiv: 67,3 Prozent, freiwillig engagiert: 40 Prozent).[20] Die aktive Zivilgesellschaft beweist sich auch darin, dass sich gut 24,5 Millionen Menschen freiwillig in mehr als 600.000 Vereinen engagieren, allen voran in den gut 90.000 eingetragenen Sportvereinen.[21] Von zunehmendem Desinteresse an öffentlicher Mitwirkung oder grassierender

---

richt der Enquete-Kommission Bürgerschaftliches Engagement; Simonson et al., Freiwilligen Survey 2019.

20 Vgl. Simonson et al., Freiwilliges Engagement. Zentrale Ergebnisse, S. 9ff.

21 Vgl. Priemer et al., Organisierte Zivilgesellschaft, S. 13, 21, 32.

Vereinzelung kann angesichts dieser positiven Entwicklungen wohl nicht gesprochen werden. Allerdings deutet vieles darauf hin, dass wir es mit einem Form- und Funktionswandel des bürgerschaftlichen Engagements zu tun haben, der vielen jedoch als Verfall erscheint. Denn diese Veränderung betrifft insbesondere den »Strukturwandel der organisierten Zivilgesellschaft«.[22] Die »traditionellen« Vereine und Verbände, Kirchen und kommunalen Einrichtungen bekommen zunehmend Konkurrenz durch »individuell organisierte« Gruppen. Obwohl im Jahr 2019 noch immer rund die Hälfte der Engagierten in Vereinen oder Verbänden organisiert waren, zeigte sich im Zeitverlauf jedoch, dass der Anteil dieser Engagementform mit einem Verlust von 5,5 Prozent seit 1999 am stärksten schrumpft. Während der Anteil der freiwillig Engagierten in nicht-institutionalisierten oder unabhängig organisierten Gruppen 1999 noch bei gut 10 Prozent lag, stieg er im Jahr 2019 schon auf 17 Prozent.[23]

> »Die rückläufigen relativen Quoten in Vereinen und Verbänden im Zeitvergleich stehen also nicht für eine Verringerung der absoluten Zahlen von Engagierten in dieser Organisationsform. Das freiwillige Engagement in individuell organisierten Gruppen ist lediglich stärker angestiegen, als das in Vereinen und Verbänden.«[24]

Bei weiterhin hohem Organisationsgrad in Vereinen und Verbänden lässt sich gleichwohl ein Nachlassen der Bindekräfte traditioneller zivilgesellschaftlicher Organisationen beobachten. Ursächlich für diese Entwicklung sind nicht zuletzt Individualisierung und Pluralisierung der Lebensverhältnisse, Wertewandel (»von Pflicht- und Akzeptanzwerten hin zu Selbstentfaltungswerten«, [Helmut Klages]) sowie der Wandel des Subjektivitäts- und Identitätsverständnisses, die zu dieser breiteren Nachfrage nach offeneren, weniger verpflichtenden Engagementformen geführt haben. Vielfach bilden sich lokale Initiativen und Allianzen, die auf konkrete Bedarfe vor Ort reagieren und aus unterschiedlichen Akteurskonstellationen bestehen, die sich neu konstituieren und ihre (institutionelle) Form erst finden müssen – wie etwa unsere Sozialen Orte (vgl. Kapitel 4). Umgekehrt sind es tendenziell eher die traditionell freizeitorientierten Vereine im ländlichen Raum, vor allem in sehr

22 Vgl. Krimmer, Konturen und Strukturwandel der organisierten Zivilgesellschaft.

23 Vgl. Simonson et al., Freiwilliges Engagement in Deutschland, S. 165f.

24 Kausmann et al., Zivilgesellschaftliches Engagement, S. 81.

kleinen Gemeinden, die von Mitgliederrückgängen betroffen sind.[25] Lange Arbeits- und Schultage, erhöhte Mobilitätsanforderungen oder zunehmende Pflegeverpflichtungen lassen die freien Kapazitäten für öffentliche Aktivitäten schmelzen. Haben im Jahr 1999 lediglich gut die Hälfte nur bis zu zwei Stunden für ihre freiwilligen Tätigkeiten aufgewendet, so waren es 2019 schon 60 Prozent, die nur zwei Stunden pro Woche für ihr Ehrenamt erübrigen konnten. Zugleich sinkt im Zeitverlauf der Anteil der Engagierten, die viel Zeit (sechs oder mehr Stunden pro Woche) für ihre freiwillige öffentliche Tätigkeit aufwenden (1999: 23 Prozent, 2019: 17 Prozent).[26]

Mitwirkung im öffentlichen Raum, Ehrenamt oder aktive Vereinsmitgliedschaft ermöglichen soziale Kontakte und Anerkennung, bringen Freude und schützen so auch vor sozialer Isolation und Einsamkeit. Nun ist es aber so, dass öffentliche Mitwirkung nicht gleich in der Bevölkerung verteilt ist. Vor allem Menschen in den mittleren Jahren, mit höherer Schulbildung und sicherem Einkommen engagieren sich. Mit höherem Alter sinkt zudem die Wahrscheinlichkeit, öffentlich aktiv und freiwillig engagiert zu sein, auch wenn ältere Menschen zunehmend häufiger ins Engagement finden oder es später verlassen. Menschen mit niedrigerer Schulbildung und kleinem Einkommen, insbesondere in Phasen der Armut und Arbeitslosigkeit, wirken weit weniger in Vereinen, Initiativen oder Parteien mit. So engagieren sich lediglich 26 Prozent der Bevölkerung mit niedriger Bildung freiwillig, wohingegen mehr als die Hälfte (51 Prozent) der Menschen mit höherer Bildung freiwillig engagiert sind. In den vergangenen zwanzig Jahren haben die Unterschiede in der Engagementbeteiligung sogar noch zugenommen: Das Engagement der gut Gebildeten ist stärker gewachsen als das der niedrig Gebildeten.[27] In die gleiche Richtung weisen auch die Ergebnisse des neuen 6. Armuts- und Reichtumsberichts der Bundesregierung: Es zeigt sich ein klarer Zusammenhang zwischen sozialer Lage und der Häufigkeit bürgerschaftlichen Engagements im Sinne des Mitwirkens in Vereinen, Verbänden oder sozialen Diensten. Rund 30 Prozent der im ARB-Survey Befragten, die sich in der sozialen Lage »Wohlhabenheit« befinden, gaben an, sich mindestens einmal im Monat sozial zu engagieren, aber nur zehn Prozent

---

25 Vgl. Priemer et al., Organisierte Zivilgesellschaft, S. 20.

26 Vgl. Simonson et al., Freiwilliges Engagement. Zentrale Ergebnisse, S. 29.

27 Vgl. Simonson et al., Freiwilliges Engagement. Zentrale Ergebnisse, S. 17.

der Befragten in der sozialen Lage »Armut« tun dies.[28] Außerdem gilt, dass zwischen bürgerschaftlichem Engagement und informellen Unterstützungsleistungen ein Zusammenhang besteht: Freiwillig Engagierte sind in höherem Maß auch informell aktiv, z. B. in der Nachbarschaftshilfe.[29] Besonders sichtbar werden in diesem Zusammenhang Kumulationseffekte, von denen auch die in der qualitativen Begleitanalyse zum 6. Armuts- und Reichtumsbericht Befragten berichten: Die in Armut und prekären Verhältnissen Lebenden sehen selbst eine direkte Verbindung zwischen ihrer schlechten finanziellen Situation und den wahrgenommenen Teilhabedefiziten im sozialen und kulturellen Bereich.[30] So mangelt es häufig jenen vulnerablen Gruppen an gesellschaftlichen Teilhabemöglichkeiten und unterstützenden Netzwerken, die sie am nötigsten brauchen.

3.1.4 Die helle und die dunkle Seite der Zivilgesellschaft

Gefährdet nun der Form- und Funktionswandel des bürgerschaftlichen Engagements den gesellschaftlichen Zusammenhalt? Verlieren Vereine, Verbände und Kirchen ihre freudespendende, sinnstiftende und integrierende Kraft? Bowlen wir nicht längst schon alle alleine? Die Erwartungen an die sozialintegrative und demokratiespendende Funktion des zivilgesellschaftlichen Engagements sind hoch – gerade in diesen krisenhaften Zeiten. Bereits Alexis de Tocqueville entdeckte in den 1830er Jahren bei seiner Reise in die noch jungen Vereinigten Staaten von Amerika die vielfältigen bürgerlichen Vereinigungen (Assoziationen), die seiner Meinung nach mehr an Gleichheit denn an Ständeunterschieden ausgerichtet waren, als eine entscheidende Voraussetzung für ein funktionierendes demokratisches Gemeinwesen. Er sah in diesen bürgerlichen Vereinigungen auch einen Lernort, der die Bürgerinnen und Bürger in die Regeln der demokratischen Lebensform, der Selbstorganisation und des sozialen Miteinanders einführt.[31]

Gut 150 Jahre später griff der US-Amerikaner Robert Putnam in seiner Sozialkapitaltheorie die zusammenhaltspendende Bedeutung der bürgerlichen Assoziationen für Gemeinwohlproduktion und Demokratien wieder auf. Auf

28 Vgl. Groh-Samberg/Büchler/Gerlitz, Soziale Lagen in multidimensionaler Längsschnittbetrachtung, S. 136ff.

29 Vgl. Simonson/Vogel/Tesch-Römer, Tabellenanhang, S. 253.

30 Vgl. Brettschneider et al., Qualitative Untersuchung, S. 86.

31 Vgl. Tocqueville, Über die Demokratie in Amerika.

der Suche nach den Gründen für den unterschiedlichen Wohlstand zwischen Nord- und Süditalien meinte Putnam zu erkennen, dass der wirtschaftliche Erfolg nicht die alleinige Ursache für die höhere Lebensqualität im Norden sei. Entscheidend sei das höhere soziale Kapital: »Features of social organization« wie Vertrauen, Normen und Netzwerke ließen die norditalienische Gesellschaft »effizienter« sein.[32] Es gebe also einen Zusammenhang zwischen sozialem Kapital und der politisch-administrativen und wirtschaftlichen Leistungsfähigkeit einer Region. Soziales Kapital besteht für Putnam aus drei Kernelementen: soziales Vertrauen, die Norm generalisierter Reziprozität (Wechselbezüglichkeit) und Netzwerke zivilgesellschaftlichen Engagements, die eben jene Reziprozitätsnormen pflegen und soziales Vertrauen bilden. Eine starke kohäsive Zivilgesellschaft ist für Putnam nicht nur Garant für Prosperität, sondern auch für die Fähigkeit einer Gesellschaft, Konflikte und Probleme zu lösen. Herzstücke der Sozialkapitaltheorie Putnams sind die »traditional civic associations« wie Sportvereine und Clubs, in denen Menschen solidarisches und demokratisches Verhalten »im Kleinen« einüben. Diese positive Erfahrung im persönlichen Umfeld ermögliche – so Putnams Vermutung – ein besseres Verständnis für Politik und Demokratie »im Großen«. Eben jenes soziale Kapital sah Putnam für die USA in seinem viel beachteten Werk »Bowling Alone« jedoch schwinden. Insbesondere die zunehmende Individualisierung war seiner Auffassung nach für den Rückgang bürgerschaftlichen Engagements und sozialer Einbindung verantwortlich. Putnam vermutete klare Verbindungen zwischen dem individuellen Netzwerk, das im Verein oder der Kirchengemeinde geknüpft wird und zum Nutzen aller eingesetzt werden könne, und dem gesellschaftlichen Zusammenhalt. Allerdings auch im Negativen: Fehle es an gegenseitigem Vertrauen, so entstünden hohe gesellschaftliche Kosten, etwa im Pflegebereich oder bei der öffentlichen Sicherheit.[33]

Die Sozialkapitaltheorie hat in den 1990er und 2000er Jahren in den Sozialwissenschaften eine große Wirkung entfaltet, und ihr Einfluss ist durchaus bis heute erkennbar. Nehmen wir nur die jüngeren Diskurse zum Thema »Zusammenhalt«, die überwiegend auf Vertrauen als Grundlage für gesellschaftlichen Zusammenhalt setzen. So wird Zusammenhalt als normatives Konzept

32 Vgl. Putnam, What Makes Democracy Work?; ders./Leonardi/Nanetti, Making Democracy Work.

33 Vgl. Putnam, Bowling Alone.

einer »guten Gesellschaft« verstanden, die auf gegenseitigem Vertrauen und sozialem Miteinander fußt (OECD,[34] Bertelsmann Stiftung[35]).

Aber ist bürgerschaftliches Engagement immer gut, moralisch aufrichtig und demokratiefördernd? Angesichts der deutlich auseinanderfallenden Einschätzungen eines positiven Zusammenhalts im Nahraum einerseits und eines gefährdeten Zusammenhalts des sozialen Ganzen andererseits, kommen Zweifel an der These auf, ob ein gutes Miteinander, das Einüben von Fairplay und gegenseitiges Vertrauen in Vereinen schon ausreicht, um die Demokratie zu stabilisieren. Damit stehen wir vor der zentralen soziologischen Frage, mit der sich bereits zentrale Gründerfiguren der Soziologie wie Ferdinand Tönnies und Émile Durkheim abmühten: In welcher Verbindung stehen »Gemeinschaft« und »Gesellschaft« oder »mechanische« und »organische Solidarität« in modernen Gesellschaften? Wie sind Einzel- und Kollektivinteressen miteinander verzahnt? Oder etwas salopper: Wie kommen das »kleine und das große Wir« zusammen?[36] In welchem Verhältnis stehen Zivilgesellschaft und Demokratie? Empirisch lässt sich der Zusammenhang von prodemokratischen Tugenden und bürgerschaftlichem Engagement nicht halten.[37] Denn die einseitige Orientierung an einem normativen Konzept von »gutem« Zusammenhalt vernachlässigt nicht selten, wie stark sich Zusammenhalt insbesondere in der Abgrenzung gegen andere Gruppen ausbildet. Dass die dunkle Seite der Zivilgesellschaft unerwünschtes, ja unsoziales Kapital hervorbringen kann, zeigt sich immer wieder in Clanstrukturen, rechten Siedlungen im ländlichen Raum und populistischen Aufmärschen, die nicht an Vielfalt, Demokratie und Miteinander interessiert sind. Auch Putnam selbst unterscheidet – in Reaktion auf die an seinen Thesen formulierte Kritik – zwischen exkludierenden (bonding, »zusammenklebenden«) und inkludierenden (bridging, »Brücken bauenden«) Netzwerken, die beide zu-

34 Nach Definition der OECD – Organisation für wirtschaftliche Zusammenarbeit und Entwicklung – strebt eine kohäsive Gesellschaft das Wohlergehen aller ihrer Mitglieder an, bekämpft Ausgrenzung und Marginalisierung, schafft Zugehörigkeit, fördert Vertrauen und bietet ihren Mitgliedern die Möglichkeit einer aufwärtsgerichteten sozialen Mobilität. Das OECD-Entwicklungszentrum schlägt vor, den Zustand des gesellschaftlichen Zusammenhalts anhand von drei Aspekten zu betrachten: soziale Inklusion, soziale Mobilität und soziales Kapital. Vgl. OECD, Social Cohesion.

35 Vgl. Dragolov et al., Radar gesellschaftlicher Zusammenhalt.

36 Vgl. Allmendinger/Wetzel, Die Vertrauensfrage.

37 Vgl. Strachwitz/Priller/Triebe, Handbuch Zivilgesellschaft, S. 100f.

gleich in einer Gesellschaft vorkommen.[38] Schaut man auf den Zusammenhang von bürgerschaftlichem Engagement, Demokratie und Zusammenhalt, so wird leider doch nicht alles gut, wenn wir nur Vertrauen haben. Der Transmissionsriemen zwischen dem »kleinen und dem großen Wir« scheint, wenn nicht gerissen, so doch zumindest angerissen zu sein.

3.2 Gleichwertigkeit und Segregation

Neben der subjektiven Erfahrung, dass Zusammenhalt vor allem eine Angelegenheit des vertrauten und solidarischen Nahraums ist, stellen strukturelle Voraussetzungen wie wohlfahrtsstaatliche Leistungen der Daseinsvorsorge und demokratische Institutionen eine wichtige Quelle für gesellschaftlichen Zusammenhalt dar. In der Pandemie wurde der Wert einer resilienten und leistungsfähigen öffentlichen Infrastruktur rasch sichtbar, insbesondere die öffentliche Gesundheitsversorgung erhielt neue Aufmerksamkeit.[39] Die »Gleichwertigkeit der Lebensverhältnisse« ist plötzlich kein abstrakter, sondern ein ganz konkreter Begriff. Zugleich spüren wir, wie sehr uns Soziale Orte der Begegnung fehlen: das Treffen im Café, der Stadtbummel mit Freundinnen, der Kinoabend. Zoommeetings, virtuelle Weihnachtsfeiern und digitale Weinproben ersetzten den persönlichen Kontakt nicht. Doch die Lasten der Pandemie sind nicht gleich verteilt: Alleinerziehende und Arme, Kinder und Kranke leiden ganz besonders. Wie sich die langen Einschränkungen des sozialen Lebens auf die Gesamtwirtschaft und das gesellschaftliche Miteinander auswirken werden, ist im Moment noch nicht vorhersehbar. Dass viele Kultureinrichtungen und Einzelhändler die Pandemie nicht überstehen werden, ist allerdings abzusehen. Dies lässt vermuten, dass sich bereits vorhandene territoriale Ungleichheiten in Städten und zwischen Regionen in Zukunft (weiter) verschärfen werden. Auch ist anzunehmen, dass die prosperierenden Regionen schnell wieder auf die Beine kommen, während die peripheren Regionen über noch weniger Ressourcen verfügen werden, um vorhandene Defizite produktiv und innovativ anzugehen. Ob die vermeintliche »Stadtflucht«, die junge Familien aus der Großstadt ins nahe oder etwas ferner gelegene Umland treibt, hier eine Trendwende bringt, bleibt abzuwarten.

---

38 Vgl. Putnam/Leonardi/Nanetti, Making Democracy Work; Strachwitz/Priller/Triebe, Handbuch Zivilgesellschaft, S. 99ff.

39 Kersten/Rixen, Der Verfassungsstaat in der Corona-Krise, S. 267ff.

3.2.1 Gleichwertigkeit

Die Bewältigung der wirtschaftlichen und sozialen Folgen der Pandemie wird von der Leistungsfähigkeit des Wohlfahrtsstaates abhängen. Darüber hinaus wird es darauf ankommen, wie konsequent auch in Zukunft der politische Leitgedanke der Gleichwertigkeit der Lebensverhältnisse umgesetzt wird, um die bereits bestehenden und möglichen neuen territorialen Ungleichheiten aufzufangen. Gesundheitsversorgung und Bildungseinrichtungen, öffentliche Verwaltung und soziale Daseinsvorsorge sind nicht nur Ver- und Vorsorgeleistungen für Wirtschaft und Gesellschaft, sondern sie erfüllen entscheidende soziale Integrationsfunktionen, die den Zusammenhalt der Gesellschaft grundieren – und dies in zweierlei Hinsicht: Während direkt auf das Individuum bezogene Leistungen des Sozialstaats gesellschaftliche Teilhabe und freie Persönlichkeitsentfaltung durch Absicherung von Lebensrisiken wie Krankheit, Armut, Arbeitslosigkeit gewährleisten, so zielt die Gleichwertigkeit der Lebensverhältnisse auf die räumliche Verteilung, den Zugang, die Qualität und Erreichbarkeit von Daseinsvorsorgeleistungen wie Gesundheit, Bildung, Mobilität, aber auch Arbeitsplätze und Umweltbedingungen. Wirken Gesundheitsvorsorge, Wohnungspolitik und Bildungsinvestitionen sozial ausgleichend und integrierend, so bildet die Gleichwertigkeit der Lebensverhältnisse das territoriale Integrationsversprechen der Bundesrepublik. Oder anders ausgedrückt: Sie formuliert die räumliche Antwort auf die Frage nach gesellschaftlichem Zusammenhalt.

Doch wie ist es um diesen räumlichen Ausgleich bestellt? Werfen wir doch nochmal einen Blick zurück auf den vorpandemischen Zustand räumlicher Disparitäten und Segregation: Eine ganze Reihe von Studien hat sich in den vergangenen Jahren aufgemacht, die deutschen Lebensverhältnisse zu vermessen. Einerseits erfolgt eine detaillierte Abbildung der räumlichen Verteilung von Einzelindikatoren wie etwa Arbeitslosigkeit, Kindergärten oder Apothekendichte im »Landatlas« bzw. dem »Deutschlandatlas«.[40] Andererseits geht eine Reihe von Untersuchungen, beispielsweise der Friedrich-Ebert-Stiftung oder des Berlin-Instituts,[41] einen Schritt weiter und aggregiert einzelne Indikatoren wie Wirtschaftswachstum, Bevölkerung

40 Vgl. Bundesministerium für Ernährung und Landwirtschaft, Thünen-Landatlas; Bundesministerium des Innern, Deutschlandatlas.

41 Vgl. Fink/Hennicke/Tiemann, Ungleiches Deutschland (Disparitätenbericht 2019); Sixtus et al., Teilhabeatlas.

und Infrastruktureinrichtungen, um Aussagen über räumliche Disparitäten und ihre Entwicklungstrends treffen zu können. Deshalb werden wir im Folgenden einen Blick auf Einzelindikatoren, regionale Cluster sowie die Beurteilung der Lebensverhältnisse werfen.

3.2.1.1 Einzelindikatoren

Werden nur die unterschiedlichen Dimensionen – wie etwa Einkommen, Ausstattung oder Erreichbarkeit einzelner Daseinsvorsorgeeinrichtungen (im Zeitverlauf) – isoliert betrachtet, so lässt sich kein einheitliches Bild über die Entwicklung regionaler Lebensverhältnisse erstellen. Die Entwicklung der einzelnen Indikatoren ist zu vielschichtig, nicht einheitlich und zum Teil gegenläufig. Nimmt man allein den Zusammenhang zwischen Haushaltseinkommen und regionaler Entwicklung in den Blick, so lässt sich verkürzt sagen: Regionale Disparitäten bleiben trotz des Aufholprozesses im Osten recht stabil.

Schauen wir genauer hin, dann zeigt sich, dass die Ungleichheit zwischen den Regionen sowie zwischen Stadt und Land – gemessen am durchschnittlich verfügbaren Einkommen der Haushalte – in den vergangenen zwei Jahrzehnten zum Teil deutlich abgenommen hat. Vor allem der Osten Deutschlands hat hier aufgeholt. Innerhalb Ostdeutschlands haben sich die Einkommensunterschiede seit der Jahrtausendwende verringert, zugleich zeigt sich eine Annäherung an das westdeutsche Ungleichheitsniveau. Allerdings haben die Einkommensunterschiede im Zeitverlauf zwischen den westdeutschen Regionen und Städten deutlich zugenommen. Werden die Einkommensunterschiede zwischen den ländlichen Räumen insgesamt beobachtet, dann fällt auf: Die Unterschiede sind kleiner geworden, was wiederum dem Aufholprozess der ländlichen Räume im Osten zu verdanken ist.[42] Das noch immer niedrigere Einkommensniveau in Ostdeutschland ging in den vergangenen Jahren mit einer höheren Armutsrisikoquote einher. Diese betrug im Jahr 2016 in den neuen Bundesländern 22,8 Prozent, in den alten Bundesländern hingegen »nur« 15,1 Prozent und in Gesamtdeutschland 15–16 Prozent.[43] Bei kleinräumiger Betrachtung regionaler Armutsquoten zeigen sich deutliche Gewinner- und Verliererregionen. Der Süden der

42 Vgl. Fuest/Immel, Ein zunehmend gespaltenes Land?, S. 19ff.; ferner auch Blien et al., Kluft zwischen den Regionen, S. 7ff.

43 Es wurde 2016 mit einer gesamtdeutschen Armutsrisikoquote gerechnet. Wenn allein das ostdeutsche Medianeinkommen der Armutsberechnung zugrunde gelegt worden

Republik – Bayern und Baden-Württemberg mit rund 12 Prozent – liegt klar ersichtlich unter dem Schnitt. Im Norden und Nord-Osten fallen vor allem Armutsquoten ins Auge, welche den Bundesdurchschnitt überschreiten. Das Land Bremen bildet mit 23 Prozent das Schlusslicht, aber auch Bundesländer wie Mecklenburg-Vorpommern (21 Prozent) und Sachsen-Anhalt (20 Prozent) überschreiten den gesamtdeutschen Durchschnittswert von 15 Prozent erheblich. Der Paritätische Gesamtverband spricht bei der Diskussion dieser Werte von einem »viergeteilten Deutschland«: Nordrhein-Westfalen (18 Prozent), Osten (17,5 Prozent), Nord-West-Gürtel (16 Prozent) und Süden (12 Prozent).[44]

Unterschiede im verfügbaren Einkommen bleiben jedoch nur ein Parameter unter vielen, die das alltägliche Leben der Menschen vor Ort bestimmen. Gute Erreichbarkeit von Bus und Bahn, Versorgung mit Ärzten und Physiotherapeutinnen, Banken und Schwimmbädern haben maßgeblich Einfluss auf die (Einschätzung der) Lebensverhältnisse und -qualität vor Ort. Allerdings sind diese grundversorgenden Güter und Dienstleistungen regional nicht gleich verteilt. Einige Angebote der Daseinsvorsorge, wie etwa Apotheken, sind im Zeitverlauf weniger geworden. Bei anderen – etwa dem Breitbandausbau – hat sich das Angebot hingegen verbessert. Beispielsweise ist die Ausstattung mit Kinderbetreuung (Kindergarten, Krippe) in den »neuen« Bundesländern deutlich besser als in den »alten« Bundesländern.[45] Und wie steht es nun um die regionale wohnortnahe Grundversorgung in Deutschland? Eine Analyse der einzelnen Landatlas-Karten zeigt in der Gesamtschau folgendes Bild: Fast die gesamte automobile Bevölkerung Deutschlands kann innerhalb von 15 Minuten Einrichtungen der Daseinsvorsorge erreichen. Die wenigen Prozent, die – je nach betrachteter Leistung oder Einrichtung – mehr als 15 Minuten brauchen, leben vor allem in den sehr peripheren Regionen. Innerhalb von Stadtgebieten sind Nahversorger, (Fach-)Ärzte, Schulen etc. fußläufig zu erreichen oder werden durch den öffentlichen Personennahverkehr (ÖPNV) bedient. In ländlichen Räumen hingegen zeichnet sich ein ganz anderes Bild ab. Fußläufige Erreichbarkeiten ergeben sich lediglich in Grund-, Mittel- und Oberzentren. Ländlichere oder

wäre, hätte die Armutsrisikoquote im Osten bei nur 13,6 Prozent gelegen – vgl. BMAS, 6. Armuts- und Reichtumsbericht, S. 54.

44 Vgl. Pieper et al., 30 Jahre Mauerfall (Der Paritätische Armutsbericht), S. 14.

45 Vgl. Bundesministerium für Ernährung und Landwirtschaft, Thünen-Landatlas, Karten zu Versorgung mit Breitband, Krippen und Kindergärten.

sogar periphere Regionen weisen in der Regel eine hohe Anforderung an die Individualmobilität auf. Erreichbarkeiten sind in diesen Räumen zumeist an Pkw-Fahrten geknüpft, bei denen Wegstrecken durchaus auch länger als eine halbe Stunde in Anspruch nehmen können. So ist es je nach Grad der Ländlichkeit zwischen 71 und 91 Prozent der Bevölkerung möglich, den nächsten Hausarzt innerhalb von 15 Minuten zu erreichen. Für Fußgängerinnen und Fußgänger trifft dies nur auf 47 bis 65 Prozent zu.[46]

Erstmals wird im neusten 6. Armuts- und Reichtumsbericht auch die »gesellschaftliche und regionale Bedeutung von Daseinsvorsorge« als Maß für gesellschaftliche Teilhabe in den Blick genommen.[47] Auf Basis des ARB-Surveys wird der Zusammenhang zwischen der Erreichbarkeit von Daseinsvorsorgeangeboten und Haushaltseinkommen untersucht. Die Ergebnisse zeigen, dass die Erreichbarkeit von Daseinsvorsorgeeinrichtungen über alle Haushalte hinweg nicht gleich verteilt ist, denn Haushalte mit niedrigen Einkommen benötigen im Schnitt mehr Zeit für ihre Wege zu Einrichtungen der Daseinsvorsorge wie Kindergärten und Schulen oder Gesundheitsversorgung und kulturellen Einrichtungen. [48] Die Unterschiede betragen meist nur wenige Minuten pro Wegstrecke, die aufs Jahr gesehen aber eine deutliche zeitliche Mehrbelastung für diese Haushalte bedeuten. Der Befund längerer Wegstrecken für ärmere Haushalte hat auch bei Kontrolle auf die Gemeindegröße und weitere Faktoren (beispielsweise Zusammensetzung des Haushalts) Bestand. Insgesamt wünscht sich eine Mehrheit der Befragten mehr Investitionen in die Daseinsvorsorge. Dabei gehen längere Wegstrecken mit dem

---

46 Vgl. Weingarten/Steinführer, Daseinsvorsorge, gleichwertige Lebensverhältnisse und ländliche Räume im 21. Jahrhundert, S. 657f.

47 Vgl. hierzu und im Folgenden Neu/Riedel/Stichnoth, Gesellschaftliche und regionale Bedeutung von Daseinsvorsorge, S. 134ff., 154.

48 Zu beachten ist, dass Angebot oder Erreichbarkeit nicht mit der Inanspruchnahme von Daseinsvorsorgeeinrichtungen gleichzusetzen ist – vgl. dazu Neu/Riedel/Stichnoth, Gesellschaftliche und regionale Bedeutung der Daseinsvorsorge, S. 49. Die neueste Studie von Helbig/Salomo zu »Eine Stadt – getrennte Welten?« kommt zu dem Ergebnis, dass in sieben untersuchten deutschen Städten nahezu keine Ungleichheit in der Ausstattung bzw. Erreichbarkeit infrastruktureller Einrichtungen zwischen privilegierten und benachteiligten Stadtteilen festzustellen ist. Geringere soziale Teilhabe resultiere folglich nicht aus einem Mangel an Angeboten, sondern liege wahrscheinlich in einer geringeren Inanspruchnahme. Vgl. Helbig/Salomon, Eine Stadt – getrennte Welten?, S. 81ff.

Wunsch nach mehr Investitionen in den entsprechenden Bereich der Daseinsvorsorge und einer geringeren Zufriedenheit mit dem Wohnumfeld einher.

Zusammenfassend ist zu sagen: Werden nur infrastrukturelle, ökonomische oder ökologische Einzelindikatoren betrachtet, ergibt sich kein einheitliches Bild räumlicher Ungleichheit, sondern es divergiert je nach Indikator. Geht es um Erreichbarkeiten, dann lässt sich festhalten: Große Teile der deutschen Bevölkerung, insbesondere aber Städterinnen und Städter, können nahezu alle Leistungen der Grundversorgung in wenigen Minuten mit dem PKW, dem ÖPNV, mit dem Fahrrad oder zu Fuß erreichen. Bewohnerinnen und Bewohner (peripherer) ländlicher Räume und Menschen, die in Armut leben oder eine Behinderung haben, befinden sich oftmals jedoch in einer deutlich schlechteren Situation. Ohne eigenes Fahrzeug zu sein, heißt: »Abkoppelung«. Das gilt für Arbeit und Freizeit, Konsum und soziale Aktivität. Wie in ländlichen Räumen eine Erreichbarkeit der Grundversorgung in postfossilen Zeiten ermöglicht werden soll, bleibt bisher ungeklärt.

3.2.1.2 Regionale Cluster

Wie stellen sich regionale Disparitäten in Deutschland aber dar, wenn die unterschiedlichen Einzeldimensionen zusammengefasst werden?

Je nach Kombination der Einzeldimensionen und Betrachtungszeitpunkt(en) ergeben sich deutlich andere Antworten und Positionen als bei der Einzelbetrachtung der Indikatoren. Die beiden Raumordnungsberichte 2011 und 2017,[49] die Regionen-Studie des Instituts der Deutschen Wirtschaft,[50] der Teilhabeatlas des Berlin-Instituts[51] sowie die Disparitätenberichte der Friedrich-Ebert-Stiftung[52] kommen zu dem einhelligen Urteil: Es haben sich nicht nur einzelne Regionen mit besonders günstigen oder ungünstigen Lebensbedingungen herausgebildet. Vielmehr haben sich die räumlichen Disparitäten verstetigt. In Zukunft werden die Wirtschaftskraft und Demografie einer Region – noch stärker als in den vergangenen beiden Jahrzehnten – die

49 Vgl. Bundesinstitut für Bau-, Stadt- und Raumforschung, Raumordnungsbericht 2011; dass., Raumordnungsbericht 2017.

50 Vgl. Hüther/Südekum/Voigtländer, Die Zukunft der Regionen.

51 Vgl. Sixtus et al., Teilhabeatlas.

52 Vgl. Albrech/Fink/Tiemann, Ungleiches Deutschland (Disparitätenbericht 2015); Fink/Hennike/Tiemann, Ungleiches Deutschland (Disparitätenbericht 2019).

Lebensverhältnisse insgesamt bestimmen. Im Hinblick auf räumlich ungleich verteilte Lebensverhältnisse spricht die Friedrich-Ebert-Stiftung gar von »Fünfmal Deutschland – fünfmal ein anderes Land«.[53] Gleichwohl gilt, dass die Mehrheit der Bevölkerung in »geordneten Verhältnissen« lebt. Zu dieser »soliden Mitte«, die über durchschnittliche Werte bei Arbeitslosigkeit, Armut oder Infrastrukturausstattung verfügt, zählen die meisten Kreise. Zudem erfreuen sich die dynamischen Groß- und Mittelstädte wie Berlin oder München, Oldenburg oder Göttingen großer Beliebtheit. Sie ziehen weiterhin viele Menschen an und strahlen so auch ins Umland aus. Doch gerade in den wachsenden Großstädten zeigen sich die negativen Konsequenzen der Entwicklung: Hohe Mieten führen zu Segregationstendenzen in der Wohnbevölkerung. Das Schlusslicht bilden dann zurückbleibende Regionen, die sich – wie beispielsweise das Ruhrgebiet und periphere ländliche Räume – aus der Strukturkrise nicht herausarbeiten können, auch wenn sie teilweise über hervorragende infrastrukturelle Ausstattung verfügen.

Wenngleich der Teilhabeatlas des Berlin-Instituts Deutschland in sechs und nicht in fünf regionale Cluster aufgeteilt sieht, so stimmen die Ergebnisse dennoch weitgehend mit dem Disparitätenbericht der Friedrich-Ebert-Stiftung überein: Deutschland weist deutliche regional kumulierte Ungleichheitsstrukturen auf. Holzschnittartig gesagt, bilden sich in dieser Studie jeweils drei städtische und drei ländliche Cluster mit jeweils guten, mäßigen und geringeren Teilhabechancen heraus:

> »Wie groß dabei die Unterschiede sein können, lässt sich an der durchschnittlichen Lebenserwartung ablesen, dem vermutlich besten Querschnittsindikator für gute Daseinsbedingungen: Sie variiert zwischen dem vom Strukturwandel gebeutelten südwest-pfälzischen Pirmasens und dem gesättigten bayerischen Starnberg um sage und schreibe sechs Jahre.«[54]

Eine weitere Untersuchung zur »gesellschaftlichen und sozialen Bedeutung von Daseinsvorsorge«, die im Rahmen des 6. Armuts- und Reichtumsberichts erstellt wurde, konzentriert sich ausschließlich auf Maße im Bereich der Daseinsvorsorge und darauf, wie diese miteinander zusammenhängen. Insgesamt werden drei Cluster unterschiedlicher Daseinsvorsorgeausstattung herausgearbeitet. Die Clusteranalyse dokumentiert Unterschiede im

---

53 Vgl. hierzu und zum Folgenden Fink/Hennicke/Tiemann, Ungleiches Deutschland (Disparitätenbericht 2019).

54 Sixtus et al., Teilhabeatlas, S. 4.

Daseinsvorsorge-Angebot auf Kreisebene. Sie zeigt, dass bei den hier betrachteten Daseinsvorsorge-Dimensionen vor allem die kreisfreien Städte ein gutes Angebot aufweisen (Cluster A 118 Kreise),[55] daneben auch einige Stadt-Umland-Kreise wie der Landkreis Hannover oder der Ennepe-Ruhr-Kreis. In Cluster B (163 Kreise) finden sich in erster Linie nicht-großstädtische Regionen in Westdeutschland (beispielsweise Heidenheim oder der Ostalbkreis) sowie das Umland Berlins. Cluster C (118 Kreise) besteht aus vielen Landkreisen im Norden der Republik (beispielsweise Landkreis Nordfriesland, Landkreis Ostholstein) oder vielen mitteldeutschen Landkreisen (beispielsweise Landkreis Goslar, Landkreis Helmstedt). Auch in dieser Clusteranalyse zeigt sich der enge Zusammenhang zwischen Ausstattung mit Daseinsvorsorge und Einkommen: In Cluster A mit dem besten Angebot liegt das Durchschnittseinkommen deutlich über den beiden anderen hier identifizierten Clustern.

Zu anderen Ergebnissen kommt hingegen das Thünen-Institut. Diese Studie untersucht für insgesamt dreizehn Indikatoren aus den Bereichen Wirtschaftskraft, soziale Lage sowie Daseinsvorsorge, wie sich die regionalen Disparitäten in Deutschland seit dem Jahr 2000 entwickelt haben. Die Analyse ergibt, dass sich für den Beobachtungszeitraum (2000–2015) auf Kreisebene weder ein »grundsätzliches Auseinanderdriften der Regionen in Deutschland noch eine pauschale Abkopplung ländlicher Räume von der gesamtgesellschaftlichen Entwicklung feststellen«[56] lässt. Vielmehr sind die Unterschiede zwischen der Gesamtheit der ländlichen und der nichtländlichen Räume in der überwiegenden Mehrheit der Indikatoren (11 von 13) in den Jahren 2000–2015 »nahezu nicht vorhanden, konstant geblieben oder haben sich zugunsten der ländlichen Räume entwickelt.«[57]

Insgesamt kommt aber die Mehrheit der aktuellen Studien zu dem Ergebnis, dass zum Teil erhebliche regionale Unterschiede in den Lebensbedingungen im Hinblick auf die Wirtschaftskraft, Demografie und

55 Zur Bildung von Clustern verwendet diese Untersuchung Maße für die Verfügbarkeit und Erreichbarkeit von Daseinsvorsorgeleistungen, die aus der Datenbank »Indikatoren und Karten zur Raum- und Stadtentwicklung« (INKAR) des Bundesinstituts für Bau-, Stadt-, und Raumforschung (BBSR) stammen. Diese Maße liegen zumeist mit einer Bevölkerungsgewichtung vor, entweder als Anzahl von Einrichtungen je 100.000 Einwohner oder als einwohnergewichtete Distanzmaße. Vgl. Neu/Riedel/Stichnoth, Gesellschaftliche und regionale Bedeutung von Daseinsvorsorge, S. 137ff.

56 Küpper/Peters, Entwicklung regionaler Disparitäten, S. 6.

57 Küpper/Peters, Entwicklung regionaler Disparitäten, S. 6.

Infrastrukturausstattung in Deutschland bestehen. Die ungleiche Verteilung dieser Bedingungsfaktoren manifestiert sich mithin in Regionen, zwischen Stadt und Land, aber auch innerhalb von Städten. Es bilden sich im Rahmen einer insgesamt wachsenden Unähnlichkeit der Lebensverhältnisse und Erwerbschancen regionale Cluster ähnlicher Lebensverhältnisse aus. Während wir in Süddeutschland weit überwiegend auf ein weitgefächertes Arbeitsplatzangebot und sehr gute Lebensbedingungen treffen, haben sich im Ruhrgebiet, im Saarland, in der Pfalz und im Nordosten der Bundesrepublik zusammenhängende Gebiete gebildet, die sich von der durchschnittlichen Entwicklung der Lebensverhältnisse in der Bundesrepublik mehr und mehr entfernen. Somit sind im Ergebnis nicht nur Arbeitsplätze regional sehr ungleich verteilt, sondern auch die Zahl der Hausärztinnen und Hausärzte, der Apotheken und Volkshochschulen. Es mangelt in Deutschland sicher nicht an Bau- und Supermärkten. Doch ohne PKW kann der Weg dorthin an manchem ländlichen Ort schon beschwerlich sein. Wohnungen und Häuser lassen sich in peripheren ländlichen Räumen günstig finden. Hingegen wird der Wohnraum in Großstädten für Menschen mit geringem oder mittlerem Einkommen zusehends unerschwinglich.[58]

3.2.1.3 Beurteilung der Lebensverhältnisse

Wie beurteilen die Menschen die Lebensverhältnisse in ihrer Region nun selbst? Blicken wir auf die vergangenen 30 Jahre zurück, so war für die meisten Deutschen die Wiedervereinigung ein Glücksfall. In einer Allensbach-Umfrage bejahten dies 56 Prozent der Befragten. Die Wiedervereinigung bleibt für eine Mehrheit der Deutschen eine Erfolgsgeschichte (60 Prozent). Trotz dieser grundsätzlich positiven Grundstimmung ist das Zusammenleben zwischen Ost- und Westdeutschland aber bis heute nicht ganz störungsfrei und von unterschiedlichen Einschätzungen der Lebensverhältnisse geprägt.[59] Dabei beurteilen die Westdeutschen die Lage im Osten deutlich besser als die Ostdeutschen selbst. Nur 36 Prozent der Westdeutschen glauben, dass der Osten sich in den kommenden Jahren negativ entwickeln wird, während 48 Prozent der ostdeutschen Bürgerinnen und Bürger gerade dies befürchten. Noch gravierender fällt die Einschätzung der Lebensverhältnisse aus: Weniger als die Hälfte der Westdeutschen (43 Prozent) sieht große

---

58 Vgl. Neu/Riedel/Stichnoth, Gesellschaftliche und regionale Bedeutung der Daseinsvorsorge, S. 139.

59 Vgl. Petersen, Selbstbewusste Ostdeutsche, S. 8.

Unterschiede in den Lebensbedingungen zwischen Ost und West. Im Osten glauben dies nahezu drei Viertel (74 Prozent) der Bürgerinnen und Bürger. Auch im Hinblick auf die beruflichen Chancen wird dem Osten ein schlechtes Zeugnis ausgestellt: Nur 21 Prozent der gesamten Bevölkerung vermuten hier gleiche Chancen in Ost und West. So beklagen auch 40 Prozent der Ostdeutschen ein unzureichendes Angebot an Arbeitsplätzen in der eigenen Region, während dies in Westdeutschland nur 20 Prozent über ihre Region sagen. Der demografische Wandel stellt für viele (entlegene) ländliche Räume eine große Hypothek dar, die sich im Fehlen junger Menschen und einem hohen Anteil hochaltriger Personen niederschlägt. Darüber hinaus sind die Infrastrukturlücken nicht zu übersehen. Im Westen klagen die Menschen vor allem über hohe Mieten und Immobilienpreise, fehlenden ÖPNV und hohe Lebenshaltungskosten. Im Westen ist Ärztemangel nur für ein knappes Viertel (27 Prozent) ein Thema. Im Osten stellt sich die Problemwahrnehmung deutlich anders dar. Auch hier mangelt es an ÖPNV. Darüber hinaus stehen auf der Sorgenliste Ärztemangel (57 Prozent), der Wegzug qualifizierter Arbeitskräfte (54 Prozent) und die mangelnde Attraktivität der Region für junge Leute (43 Prozent). 42 Prozent der Befragten in Ostdeutschland erleben generell, dass viele die Region verlassen. Den Eindruck, in einer Region zu leben, die stark von Abwanderung betroffen ist, haben hingegen in Westdeutschland lediglich 9 Prozent. So klagen auch nur 12 Prozent der befragten Bürgerinnen und Bürger im Westen darüber, dass es zu wenig Kinder in der Region gebe, im Osten ist es immerhin ein knappes Drittel (31 Prozent), das Kinder in der Region vermisst.[60]

3.2.2 Segregation

Parallel zu der in Wissenschaft und Politik hitzig geführten Debatte um die Gleichwertigkeit der Lebensverhältnisse, die sich vor allem auf die Entwicklung regionaler Disparitäten und Erreichbarkeiten von Daseinsvorsorgeeinrichtungen konzentriert, führt die Stadt- und Ungleichheitssoziologie seit vielen Jahren einen Diskurs über urbane Segregation und Benachteiligungen, die durch das Leben in einem bestimmten Quartier ausgelöst werden (Ortseffekte). Dass das Leben in wenig gedeihlichen Wohnverhältnissen und an prekären Arbeitsplätzen ein besonders hohes Risiko birgt (»Segregation tö-

60 Vgl. Köcher, Große Herausforderungen im Osten, S. 8.

tet«[61]), lässt sich im Angesicht der Pandemie kaum noch leugnen. Standen zu Beginn der Pandemie die Städte unter Generalverdacht, Brutstätten der Virusinfektion zu sein, so stellte sich doch bald heraus, dass es nicht generell die städtische Dichte ist, die hohe Infektionszahlen generiert, sondern dass insbesondere Stadtviertel und Wohnquartiere betroffen sind, in denen das Einkommen niedrig und die Wohnungsbelegung auf kleinem Raum hoch ist, sodass kaum private Rückzugsmöglichkeiten gegeben sind.[62] Freilich erwiesen sich in Deutschland auch viele ländliche Räume als Infektionshotspots. Der ländliche Raum bleibt gleichwohl für viele Menschen der Sehnsuchts- und Rückzugsort, das Bollwerk gegen »ungesundes« Stadtleben und vermeintlich infektiöse Nachbarn.

Bereits vor der Corona-Pandemie hat die Steigerung der Boden- und Mietpreise in attraktiven Städten wie Berlin, München oder Stuttgart, aber auch vielen deutschen Mittelstädten zu Segregations- und Gentrifizierungsprozessen geführt, die vor allem die Geringverdiener in wenige Armutsquartiere in der Stadt oder an den Rand der Städte gedrängt hat. So legen neuere Veröffentlichungen nahe, dass auch hierzulande die urbane Segregation zunimmt und soziale Milieus stärker unter sich bleiben. Allerdings sind die Segregationsmuster nicht ganz einheitlich. Die WZB-Studie »Wie brüchig ist die soziale Architektur unserer Städte?«[63] belegt anhand einer Analyse von 74 deutschen Städten in den Jahren 2002 bis 2014, dass wir es mit unterschiedlichen Segregationsmustern zu tun haben. Anders als vielleicht die mediale Berichterstattung vermuten lassen könnte, geht die ethnische Segregation in deutschen Städten zurück. Sie liegt sogar unter den Werten für die soziale Segregation. Fast völlig unbemerkt zeichnet sich hingegen eine demografische Segregationslinie ab: Die Wohnquartiere werden im Hinblick auf die Altersstruktur immer homogener. Für unsere Frage nach dem gesellschaftlichen Zusammenhalt ist vor allem das steigende Ausmaß sozialer Segregation entscheidend: Mehr und mehr leben Menschen mit SGB-II-Bezug in bestimmten Stadtteilen. Dies ist in Ostdeutschland noch stärker ausgeprägt. Die WZB-Studie findet den interessanten Beleg, dass insbesondere das Vorhandensein von Sozialwohnungen die Armutssegregation erhöht. So hat der Verkauf des kommunalen Sozialwohnungsbestandes in den vergangenen Jahrzehnten dazu geführt, dass sich der Bestand an

61 Medin, Segregation tötet.

62 Vgl. Heisterkamp/Sußebach, 18 Stockwerke Stigma.

63 Vgl. hierzu und zum Folgenden Helbig/Jähnen, Soziale Architektur der Städte.

Sozialwohnungen nun in vielen Städten auf wenige Blocks bzw. Quartiere konzentriert, in denen sich jetzt die Armutsbevölkerung sammelt. Besonders besorgniserregend ist jedoch das Ergebnis, dass in 36 der 74 untersuchten Städte Quartiere existieren, in denen mehr als 50 Prozent (teilweise sogar 70 Prozent) der Kinder in Haushalten mit SGB-II-Bezug leben. Gleichzeitig erfährt in anderen Quartieren, der gleichen Stadt, kein Kind Armut.

Mit diesem Ergebnis korrespondiert, dass das Wohnumfeld maßgeblichen Einfluss auf die Quantität und Qualität der Nachbarschaftsbeziehungen nimmt. Von einvernehmlichen Beziehungen wird vor allem in gehobenen Wohnlagen und Quartieren berichtet. In gutsituierten Gegenden unterhält die Hälfte der Bewohnerinnen und Bewohner (in der zweiten Lebenshälfte) enge Nachbarschaftskontakte. Etwas weniger gut sind dann die Kontakte im Quartier in mittleren Wohnlagen mit 43 Prozent. In einfachen Wohnlagen sagen nur 38 Prozent, sie pflegten gute Nachbarschaftskontakte. Dabei gab ein Fünftel (21 Prozent) der Befragten aus einfachen Wohngegenden an, nur eingeschränkt unterstützende Nachbarschaftsnetzwerke zu besitzen. Wohingegen Bewohnerinnen und Bewohner gehobener Quartiere nur sehr selten ohne unterstützende Nachbarinnen und Nachbarn (8 Prozent) auskommen müssen.[64] So erhöht die zunehmende soziale Segregation, insbesondere die Armutskonzentration in bestimmten Stadtteilen, die Gefahr einer mehrfachen sozialen Benachteiligung der Bewohnerinnen und Bewohner in eben diesen Quartieren. Und sie setzt so auch den gesellschaftlichen Zusammenhalt (in der Stadt) unter Spannung.

3.3 Einsamkeit und Infrastruktur

Die pandemische Krise seit dem Frühjahr 2020 hat Millionen Menschen schmerzlich bewusstgemacht, was Einsamkeit und soziale Isolation bedeuten. Fühlten sich die ersten Tage vielleicht noch an »wie Ferien«, endlich

64 Vgl. Nowossadeck/Mahne, Soziale Kohäsion in der Nachbarschaft, S. 1; Reutlinger/Stiehler/Lingg, Soziale Nachbarschaften. Dazu auch die qualitative Begleitforschung zum 6. Armuts- und Reichtumsbericht. Die Interviewten in der sozialen Lage Armut berichteten seltener von Kontakten zur Nachbarschaft als etwa die soziale Lage Armut-Mitte. Zu einem etwas anderen Ergebnis kommen die quantitativen Befragungen im ARB-Survey: Hier weisen die Befragten der Unteren Mitte im Vergleich der verschiedenen Lagen die geringste Kontakthäufigkeit auf – vgl. Brettschneider et al., qualitative Untersuchung, S. 84.

einmal keine Termine, nicht unterwegs sein oder im Stau zur Arbeit stehen, so wurde dieses erzwungene Stillstehen und das fehlende Miteinander für viele bald zur Belastung. Daher drängt sich die Frage nach dem Zusammenhang von Einsamkeit und Zusammenhalt in diesen Zeiten geradezu auf. Verlieren die Menschen in der Pandemie den Kontakt zur Gesellschaft? Gefährden Einsamkeit und soziale Isolation den gesellschaftlichen Zusammenhalt? Welche Rolle spielen hier Raum und Region?

Rationalisierte und zeitlich verdichtete Arbeitsprozesse, Modernisierung, Urbanisierung, Individualisierung und Digitalisierung stehen schon seit langem im Verdacht, zu Vereinzelung und Vereinsamung zu führen, den Zusammenhalt zu gefährden. Empirisch lassen sich jedoch keine Hinweise darauf finden, dass die Individualisierung und Pluralisierung der Lebensformen Menschen einsamer macht oder in die Isolation treibt. Wie noch zu zeigen sein wird, ist es eher so, dass die Menschen in den nord- und westeuropäischen Wohlfahrtsstaaten wie den Niederlanden oder den skandinavischen Ländern besonders selten unter Einsamkeit und Isolation leiden.[65]

Auch in Deutschland fühlt sich die ganz überwiegende Mehrheit der Bevölkerung gut integriert, ist öffentlich aktiv und sozial engagiert, besucht Konzerte und geht zur Wahl. Insgesamt berichteten in Deutschland vor der Pandemie nur wenige Menschen – je nach Studiendesign zwischen vier und zwölf Prozent der Bevölkerung – davon, dass sie sich »immer oder fast immer einsam« fühlen.[66] »Einsamkeit« beschreibt das subjektive Gefühl, zu wenig Kontakte zu haben, unverbunden mit anderen zu sein. So kann dieses Gefühl der Einsamkeit dann auch jede und jeden jederzeit treffen. Auslöser sind oft schwere Schicksalsschläge wie der Verlust eines geliebten Menschen

---

65 Gleichwohl ist es denkbar, dass es in den hochentwickelten spätmodernen Industriegesellschaften nicht opportun ist, über seine Einsamkeit zu sprechen, denn jeder ist ja seines Glückes Schmied. In den eher an familial-gemeinschaftlich orientierten Gesellschaften des europäischen Süd-Ostens wird das Erleben von Einsamkeit unter Umständen weniger schambesetzt erlebt und ist damit eher legitim – vgl. Schobin, »Bei uns ist Einsamkeit sehr schambesetzt«.

66 Vgl. Neu/Müller, Einsamkeit, S. 21ff; Krause und Gagné berichten in der »More in Common«-Studie von durchschnittlich 30 Prozent einsamen Menschen in der Bundesrepublik. Allerdings lautete hier die Frage: »Inwieweit stimmen Sie der folgenden Aussage zu: ›Ich fühle mich oft einsam.‹« Dies ist zu unterscheiden von der strengen Form von Einsamkeit (»immer oder fast immer«), von der sich nur wenige Menschen betroffen fühlen. Vgl. Krause/Gagné, Die andere deutsche Teilung S. 14.

oder Krankheit, Mobilitätseinschränkungen oder langanhaltende Arbeitslosigkeit. Oder eben eine Pandemie. Ein kritisches Lebensereignis führt aber nicht zwangsläufig zu Vereinsamung. Viele Menschen finden einen Weg des Umgangs mit Problemen oder eine Stütze in ihrer Familie oder dem Freundeskreis. Eine deutsch-niederländische Studie machte die Entdeckung, dass Menschen, die kritische Lebensereignisse nicht in der dafür vorgesehenen Lebensphase durchleben, ein höheres Risiko tragen, zu vereinsamen. Dies trifft etwa auf Teenagemütter zu, jüngere Arbeitslose oder (sehr) früh Verrentete. Allerdings schützt der Eintritt einer nicht »normgerechten« Lebenskrise im höheren Alter in einigen Fällen auch vor Einsamkeit (etwa beim Arbeitsplatzverlust). Der Verlust eines Partners oder einer Partnerin ist im hohen Alter erwartbarer als in jungen Jahren und Arbeitslosigkeit besser verkraftbar, wenn man auf ein langes Arbeitsleben zurückblickt, als wenn man als junge Mutter oder junger Vater eine Familie zu versorgen hat. So fehlt es diesen »zu jung« oder auch »zu spät« Betroffenen womöglich an Rollen-Vorbildern oder auch an entsprechender Unterstützung von Gleichaltrigen oder Institutionen.[67]

Neben persönlichen Schicksalsschlägen gilt Einsamkeit weithin als Phänomen des Alters. Die andauernde Corona-Pandemie hat jedoch – mit einiger Verzögerung – den Blick dafür geschärft, dass Einsamkeit keineswegs nur Seniorinnen und Senioren trifft, sondern in allen Lebensphasen auftreten kann. Bereits 2016 hatten Maike Luhmann und Louise Hawkley gezeigt, dass Einsamkeitserleben nicht kontinuierlich über den Lebensverlauf zunimmt, sondern eher in Wellen kommt: vor allem in der späten Adoleszenz, den späten mittleren Jahren (um die 60) und dann ab dem 85. Lebensjahr sehr schnell ansteigt. Das Jahrzehnt nach der Verrentung ist hingegen für die meisten Menschen eine sehr glückliche Lebensphase, in der unterdurchschnittlich wenige Seniorinnen und Senioren unter Einsamkeit leiden (vgl. Abbildung 4).[68]

Die Corona-Pandemie hat die Menschen einsamer gemacht. Kam während der ersten Wellen die überwiegende Mehrheit der Deutschen, wie schon gezeigt werden konnte, »mit der Situation ganz gut« klar[69] und vermeldeten auch keine nennenswerten Einbußen in ihrer Lebenszufriedenheit und

67 Vgl. Buecker/Denissen/Luhmann, A propensity-score matched study of changes in loneliness surrounding major life events, S. 17ff.

68 Vgl. Luhmann/Hawkley, Age Differences in Loneliness From Late Adolescence to Oldest Old Age.

69 Vgl. Brand/Follmer/Unzicker, Gesellschaftlicher Zusammenhalt in Deutschland 2020, S. 61.

Abbildung 4: Entwicklung der Einsamkeit über die Lebenszeit

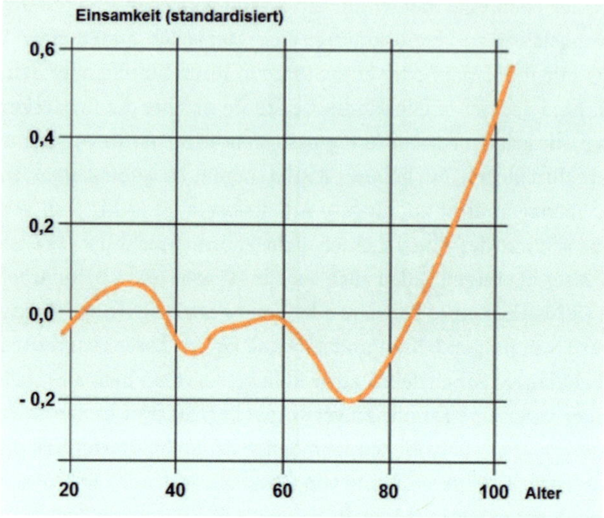

Quelle: Eigene Darstellung nach Luhmann/Hawkley, Age Differences in Loneliness From Late Adolescence to Oldest Old Age, S. 949. Abweichung von der durchschnittlichen Einsamkeit aller Befragten (=0,0).

ihrem Wohlbefinden,[70] so änderte sich dies mit der Dauer der Krise. Die Lebenszufriedenheit begann – zeitverzögert, allerdings nur temporär – zu sinken und die Einsamkeit nahm in allen Altersgruppen deutlich zu. Das Einsamkeitserleben erreichte 2020 ein Niveau, das bisher lediglich von Geflüchteten bekannt war.[71] Die Seniorinnen und Senioren erwiesen sich – trotz steigender Einsamkeitsgefühle – in der Pandemie als ausgesprochen resilient.[72]

70 Vgl. Entringer/Kröger, Weiterhin einsam und weniger zufrieden.

71 Vgl. Entringer/Kröger, Weiterhin einsam und weniger zufrieden, S. 1f., 4; ferner dies., Einsamkeit in der Corona-Krise.

72 Im Sommer 2020 lag der Anteil der sehr einsamen Menschen im Alter zwischen 46 und 90 Jahren bei knapp 14 Prozent (damit 1,5-mal höher als im Vorjahr). Allerdings trifft dieses höhere Einsamkeitserleben alle Bevölkerungsgruppen in der zweiten Lebenshälfte gleich stark: Männer wie Frauen, alle Bildungsschichten und Altersklassen. Auch hier wird deutlich: Ältere Menschen haben kein höheres Risiko einsam zu sein als jüngere Menschen. Vgl. Huxhold/Tesch-Römer, Einsamkeit, S. 3.

Womöglich haben die höheren Jahrgänge das Alleinsein – zugespitzt formuliert – schon »eingeübt«. Anders Kinder, Jugendliche und junge Erwachsene: Sie leiden – nicht erst – seit der Pandemie besonders häufig unter Gefühlen der Einsamkeit und Isolation. Spielkameradinnen und Mitschüler fehlen. Selbst die wohlmeinendsten Eltern ersetzen die *peer group* nicht. Junge Menschen unter 30 Jahren fühlen sich womöglich besonders stark in ihren Entwicklungschancen eingeschränkt: Praktikum und Party müssen verschoben werden, die Abschlussfeier in Schule und Universität fällt gar ganz aus oder findet nur in sehr kleinem Rahmen statt. Das Fehlen dieser Gelegenheiten zum ausgelassenen Feiern, zum Ausprobieren und zur »Arbeit« an der eigenen Identität hinterlassen bei den Jugendlichen und jungen Erwachsenen besonders tiefe Einschnitte, die später wohl einmal als Generationsschicksal erkennbar bleiben werden.[73]

3.3.1 Isolation und Exklusion

Soziale Isolation beschreibt, anders als das Konzept der Einsamkeit, kein Gefühl, sondern den Grad der Vereinzelung. Es ist ein Konzept, das die Funktionalität von Gemeinschaften und Netzwerken sowie die Häufigkeit des Kontakts zu Mitmenschen abbildet. »Soziale Isolation« meint somit den Zustand geringsten sozialen Kontaktes bzw. größter Distanz zu Mitmenschen.[74] Für das European Social Survey etwa ist dann soziale Isolation gegeben, wenn die Befragten angeben, dass sie *weniger als einmal im Monat* persönlichen Kontakt (»meet socially«) zu Verwandten, Freundinnen und Freunden oder Arbeitskollegen und Arbeitskolleginnen haben.[75] Weit weniger Menschen leiden unter Einsamkeit als unter sozialer Isolation und gesellschaftlichem Ausschluss. Vor der Pandemie lagen die Werte für soziale Isolation in Deutschland – je nach Studiendesign – hier zwischen 15 und 30 Prozent.[76] Soziale Isolation und Einsamkeit sind also nicht deckungsgleich, haben aber doch eine große Schnittmenge. Das dritte Konzept, um den Grad der Unverbundenheit mit der Gesellschaft abzubilden, ist – neben Einsamkeit und Isolation – die »soziale Exklusion«. Soziale Exklusion – soziale Ausgrenzung – beschreibt die (erlebte) Deklassierung, die verminderte Teilhabe an oder gar den Ausschluss

73 Vgl. Neu/Müller, Einsamkeit, S. 46f.

74 Vgl. Neu/Müller, Einsamkeit, S. 17.

75 Vgl. D'Hombres et al., Loneliness, S. 1ff.

76 Vgl. Neu/Müller, Einsamkeit, S. 12, 29ff.

von gesellschaftlich als erstrebenswert erachteten Gütern und Dienstleistungen wie Erwerbsarbeit, Konsum oder Freizeitaktivitäten.[77] Dies sehen auch viele Menschen so, für die soziale Isolation einen klaren subjektiven Indikator für Armut darstellt. In Pandemiezeiten hat die Sensibilität für dieses sozio-kulturelle Armutsmaß – insbesondere bei jungen Erwachsenen – noch einmal zugelegt.[78]

Von Ausgrenzungserfahrungen sind nicht alle Bevölkerungsgruppen in gleichem Maße betroffen. Insbesondere Menschen, die lange erwerbslos sind oder in Armut leben, eine Behinderung haben oder einen Migrationshintergrund, sind überdurchschnittlich mit der Verringerung ihrer gesellschaftlichen Teilhabechancen konfrontiert. Geringe finanzielle Mittel erlauben es oft nur in weniger guten Wohnlagen zu leben, die zuweilen über weniger gute Infrastrukturausstattung, Kultur und Freizeitangebot verfügen.[79] Mehr noch: neuere Studien zeigen, dass Menschen, die sich von der Gesellschaft ausgeschlossen fühlen, ein besonders hohes Risiko haben, an Einsamkeit zu leiden. Die »More in Common«-Studie »Die andere deutsche Teilung« aus dem Jahr 2019 weist darauf hin, dass es gesellschaftliche Typen in Deutschland gibt, die in der Gesellschaft besonders wenig Halt finden: Das sogenannte »unsichtbare Drittel«, das sich aus den Typen der »Pragmatischen« und den »Enttäuschten« zusammensetzt. Während 30 Prozent[80] aller Befragten in der Studie sagen, dass sie einsam sind, ist dieses Gefühl im unsichtbaren Drittel überdurchschnittlich stark ausgeprägt. Die »Pragmatischen« und die »Enttäuschten« zeigen besonders hohe Einsamkeitswerte (43 Prozent bzw. 44 Prozent). Verwundert dieser Befund vielleicht bei den »Enttäuschten« nicht, die sich häufig als »Bürgerinnen und Bürger zweiter Klasse« erleben, so handelt es sich beim Typ der »Pragmatischen« jedoch um die jüngste Befragtengruppe, die mit mittlerer Bildung besonders häufig vollzeiterwerbstätig ist.

> »Zugleich ist der Glaube, das eigene Schicksal selbst in der Hand zu haben, bei den Pragmatischen und den Enttäuschten besonders schwach. Doch nicht nur im persönlichen Leben fehlt es an Einbindung, auch das demokratische System gibt ihnen weniger Halt als anderen. Kategorien wie ›Links‹ und ›Rechts‹ geben dem unsichtbaren Drittel deutlich weniger

77 Vgl. Böhnke/Link, Armut.

78 Vgl. Adriaans et al., Soziale Folgen der Covid-19-Pandemie, S. 67f.

79 Vgl. Böhnke/Link, Armut, S. 248.

80 Vgl. zu den hohen Einsamkeits-Werten in der »More in Common«-Studie, Fn. 66.

> Orientierung, und der Bezug zur Politik fällt insgesamt merklich schwächer aus.«[81]

In Zeiten der Pandemie ist die Sensibilität für die Thematik Einsamkeit und Isolation gestiegen. Leiden insgesamt nur wenige Menschen chronisch unter Einsamkeit, so sind bereits weitaus mehr Menschen von sozialer Isolation betroffen, verfügen also über nur sehr geringe Kontakthäufigkeit zu Mitmenschen. Der Alterssurvey macht, ebenso wie die »More in Common«-Studie, darauf aufmerksam, dass Menschen, die sich sozial ausgeschlossen fühlen, zugleich auch ein hohes Einsamkeitsrisiko haben. Im Jahr 2014 berichtete fast die Hälfte (41,7 Prozent) der über 40-Jährigen, die sich nicht als Teil der Gesellschaft fühlten, von Einsamkeit. Bei Menschen in der zweiten Lebenshälfte, die sich als gut sozial integriert betrachteten, betrug der Anteil einsamer Personen hingegen nur 6,7 Prozent. Selbst wenn nur ein sehr kleiner Teil der 40 bis 85-Jährigen (2,7 Prozent) sowohl von Einsamkeit als auch von Exklusion betroffen ist, so ist dem Zusammenhang von Einsamkeit – Isolation – Exklusion doch besondere Aufmerksamkeit zu schenken, denn hier kann durchaus eine zusammenhaltsgefährdende Kraft liegen.[82]

3.3.2 Armut und soziale Netzwerke

Persönliche Kontakte, familiäre Netzwerke und institutionelle Unterstützung können dieses Gefühl abmildern, nicht zur Gesellschaft dazuzugehören, außen vor zu sein. Über diese unterstützenden Netzwerke verfügen aber vor allem die Menschen, die gut in die Gesellschaft integriert sind – sei es über den Beruf oder das Ehrenamt. Langanhaltende Krankheit oder Arbeitslosigkeit, Behinderung und Armut führen jedoch dazu, dass sich soziale Netzwerke mit der Dauer dieser Episoden verändern: Die Familie wird wichtiger. Außerfamiliärer Kontakt wird zunehmend eingeschränkt. Es wird seltener Besuch eingeladen oder ein Stadtbummel mit Freundinnen und Freunden geplant. Auch bürgerschaftliches Engagement und politische Partizipation werden etwa in Phasen der Arbeitslosigkeit und Armut seltener ausgeübt. Wie schon gezeigt werden konnte, steht es mit den nachbarschaftlichen Verhältnissen in einfachen Wohnlagen oft nicht allzu gut. Geringe finanzielle Mittel, Scham und das Gefühl, wenig oder nichts zurückgeben zu können, wir-

81 Krause/Gagné, Die andere deutsche Teilung, S. 14.

82 Vgl. Böger/Wetzel/Huxhold, Allein unter vielen, S. 283.

ken nicht nur dämpfend auf die öffentliche Mitwirkung, sondern auch auf die Intensität und Qualität von Nachbarschaftsbeziehungen. Dieser soziale Rückzug führt dazu, dass sich nach und nach der Freundeskreis angleicht: Man bleibt lieber im Kreis derer, die ein ähnliches Leben führen, vor denen man sich »nicht zu schämen« braucht. Menschen, die von Langzeitarbeitslosigkeit oder Armut betroffen sind, entwickeln soziale Netzwerke, bei denen beispielsweise nur wenige über einen festen Arbeitsplatz verfügen. So reduzieren sich im Lauf der Zeit auch mehr und mehr die Chancen auf (informelle) Kontakte zum Arbeitsmarkt oder finanzielle Unterstützung. Gerade jenen, die Unterstützung besonders nötig hätten, fehlt es mithin an sozialen Netzwerken und passendem »Vitamin B«, auf das sie zurückgreifen könnten. Wie die Pandemie gezeigt hat, kann der starke Bezug auf die Familie nicht selten zu Überforderung und Konflikten führen, die wiederum in sozialem Rückzug münden können.[83]

Welch entscheidende Rolle öffentliche Infrastrukturen und Institutionen für sozial isoliert lebende Menschen haben können, zeigt eine Studie im Auftrag der Arbeiterwohlfahrt, die sich im Jahr 2015 mit Armut in Mecklenburg-Vorpommern beschäftigte: Menschen in materiell benachteiligten Lebenslagen verfügen häufig nur über kleine oder sehr kleine Netzwerke. Viele der Befragten, die sowohl in Stadt und Land lebten, hatten regelmäßig lediglich zu zwei bis fünf Personen Kontakt, was auf deutliche Isolation schließen lässt. Die Studie lieferte zudem einen weiteren wichtigen Hinweis auf die besondere Konstellation dieser Kontakte – die ohnehin kleinen Netzwerke zerfallen nochmals in zwei oder mehr Gruppen:

> »In den meisten Fällen handelt es sich dabei um Familie und Freunde in der ersten Gruppe und um einen Zusammenhang aus Personen, der an Institutionen gebunden ist, in der zweiten Gruppe. Dabei handelt es sich oft um Kontakte, die aus Maßnahmen des Jobcenters entstanden sind [...], um Kontakte aus einem ehrenamtlichen Engagement (wie z. B. in einem Stadtteil- und Begegnungszentrum (SBZ) [...]) oder um Kontakte aus anderen institutionellen Zusammenhängen, wie z. B. der Alkoholiker Selbsthilfe [...].«[84]

Die folgende Abbildung 5 zeigt Beispiele für diese isolierten Netzwerke von Befragten aus Mecklenburg-Vorpommern:

83 Vgl. Böhnke, Mittendrin, S. 34ff.; dies., Are the poor socially integrated?, S. 133ff.; dies./Link, Armut, S. 247ff.; Neu/Müller, Einsamkeit, S. 29ff.

84 Berger et al., Aspekte der Armut, S. 46.

Abbildung 5: Zweigeteilte Netzwerke

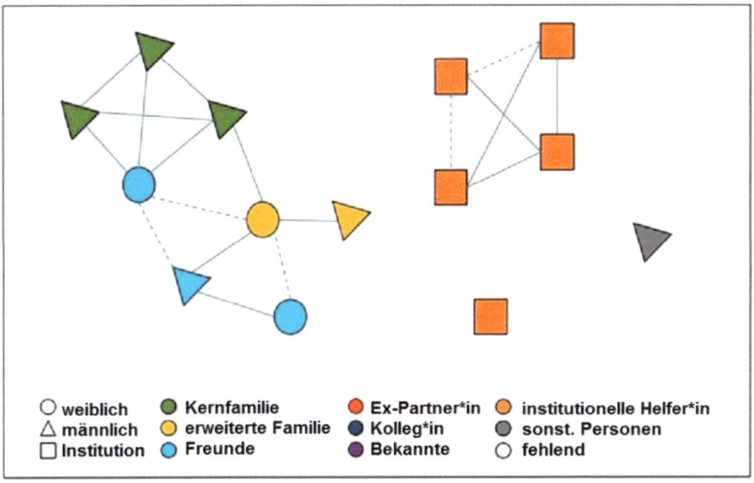

Quelle: Eigene Darstellung, in Anlehnung an Berger et al., Aspekte der Armut, S. 46.

Eindringlich weist die Studie der Arbeiterwohlfahrt aus Mecklenburg-Vorpommern darauf hin, dass öffentliche Infrastrukturen und Institutionen wie Arbeitsämter, die Sozial- und Wohlfahrtsverbände und ihre sozialen Einrichtungen, aber auch Quartiersläden, Verwaltungen und Kirchen wichtige und manchmal die einzigen Schnittstellen zur Gesellschaft für Menschen sind, die weitgehend sozial isoliert und am Rand der Gesellschaft leben. Ein Rückzug dieser Institutionen aus der Fläche oder bestimmten Stadtteilen bedeutet daher, dass weitere Verbindungsbrücken zu Unterstützungsnetzwerken gekappt werden und Teilhabemöglichkeiten am öffentlichen Leben verschwinden. Umso wichtiger ist es, dass öffentliche Infrastrukturen und Institutionen – insbesondere auch die Verwaltung vor Ort – analog anwesend und ansprechbar bleiben.[85]

85 Vgl. Kersten/Neu/Vogel, Politik des Zusammenhalts, S. 4ff.; vgl. auch Simmank/Vogel, Das SOFI geht aufs Land. Impulse zum gleichwertigen Leben in ländlichen Räumen; Neu/Riedel/Stichnoth, Gesellschaftliche und regionale Bedeutung der Daseinsvorsorge, S. 152ff.; Schuster/Volkmann, Lebenschancen im Quartier, S. 413f.

3.3.3 Raum und Unverbundenheit

Erst in jüngster Zeit wird dem Zusammenhang von Einsamkeitserleben und infrastruktureller Ausstattung des Raumes überhaupt wissenschaftliche Aufmerksamkeit geschenkt. Wie jüngste Forschungsergebnisse zeigen, spielen beim Einsamkeits- und Isolationserleben nicht nur Persönlichkeitsmerkmale (beispielsweise Alter, Gesundheit, Bildungsstand) eine entscheidende Rolle, sondern auch regionale Bedingungsfaktoren.[86] So ist auch in Europa das Gefühl der Einsamkeit und das Isolationserleben nicht gleichverteilt. In der Mitte der 2010er Jahre fühlten sich im Durchschnitt neun Prozent der Erwachsenen gelegentlich einsam, (fast) immer einsam waren hingegen nur drei Prozent. Ungarn, die Tschechische Republik, Polen, Italien und Frankreich führten mit 10 Prozent einsamer Bürgerinnen und Bürgern die Spitzengruppe in der EU an. Besonders wenig von Einsamkeitsgefühlen geplagt waren hingegen die Niederlande und Dänemark (3 Prozent). Etwas unter dem EU-Durchschnitt lagen zudem Finnland (4 Prozent), Schweden, Irland und Deutschland (5 Prozent). Deutlich mehr EU-Bürgerinnen und -Bürger gaben aber an, sich seltener als einmal im Monat mit Freunden und Freundinnen, Arbeitskolleginnen und Arbeitskollegen, Bekannten oder Familienmitgliedern zu treffen: Insgesamt betrachten sich 20 Prozent demnach in der EU als sozial isoliert. Dies entsprach fast 100 Millionen Menschen in der EU-28. Besonders hoch lagen die Zahlen im Süden und Osten der EU: Über 40 Prozent der Ungarinnen und Ungarn sowie der Griechinnen und Griechen trafen Mitte der 2010er Jahre weniger als einmal im Monat Freundinnen und Freunde, Bekannte oder Familie. Ähnlich hoch lag – mit 35 Prozent – die Zahl der Befragten in Estland, Litauen und Polen, die wenig Kontakte zu anderen Menschen hatten. Im Vergleich dazu trafen nur acht Prozent der niederländischen, dänischen und schwedischen Bürgerinnen und Bürger weniger als einmal im Monat Familie und Freunde. Deutschland lag hier mit einigen anderen EU-Staaten wie Italien und Frankreich mit rund 15 Prozent sozial isolierter Menschen im Mittelfeld.[87] Regionale Unterschiede im

86 Vgl. D'Hombres et al., Loneliness; D'Hombres/Barjaková/Schnepf, Loneliness and Social Isolation; Buecker et al., In a Lonely Place; Neu/Müller, Einsamkeit, S. 70ff.

87 European Social Survey (Befragungswellen 2010, 2012, 2014, 2018). Vgl. D'Hombres et al., Loneliness, S. 1ff.; D'Hombres/Barjaková/Schnepf, Loneliness and Social Isolation, S. 5ff.

Einsamkeitserleben kennt auch Deutschland: Ostdeutschland zeigt durchweg höhere Einsamkeitswerte als der Westen.[88] Die Einsamkeitswerte für Westdeutschland ergeben hingegen regional kein einheitliches Muster. Einerseits finden sich überdurchschnittlich hohe Einsamkeitswerte in den von Strukturschwäche gezeichneten ländlichen Räumen des Nordwestens, Mitteldeutschlands oder Bayerns. Andererseits fühlen sich beispielsweise Menschen in ländlichen Räumen (auch ländlichen Teilen Bayerns) besonders wenig einsam. Höhere Einsamkeitswerte scheinen mithin nicht von Bevölkerungsdichte oder Siedlungstyp (Stadt – Land) beeinflusst zu sein,[89] sondern von kulturellen (Gemeinschafts-)Normen (traditionellere Familienvorstellungen im Süden und Osten der EU), der Geschwindigkeit des sozialen Wandels (beispielsweise starke Abwanderung) und dem Grad der Abgelegenheit einer Region (gemessen an der Entfernung zum nächsten Zentrum). Da Ostdeutschland viele Jahre unter Bevölkerungsschwund gelitten hat und raumstrukturell deutlich ländlicher geprägt ist als der westliche Landesteil, liegt hier auch eine mögliche Erklärung für die höheren Einsamkeitswerte im Osten des Landes.[90]

Dies passt auch zu den Ergebnissen der Bertelsmann-Studie »Sozialer Zusammenhalt in Deutschland 2017«, die ebenfalls beim sozialen Miteinander deutliche regionale Unterschiede zwischen den Bundesländern, Ost und West sowie zwischen strukturstarken und -schwachen Regionen erkennen will. Positiv mit dem gesellschaftlichen Zusammenhalt korrelierte ein hohes durchschnittliches Wohlstandsniveau, eine positive Einstellung gegenüber der Globalisierung und ein niedriges Durchschnittsalter der Bevölkerung. Entsprechend stehe der Zusammenhalt in den ostdeutschen Bundesländern bei geringerem Wohlstand, höherer Arbeitslosigkeit und fortschreitendem demografischem Wandel durchweg stärker unter Druck als im Westen.[91]

Der Wohlstand einer Region, eines Dorfs oder eines Stadtquartiers schlägt sich auch in seiner Infrastrukturausstattung und seinen Teilhabemöglichkeiten nieder. Die Auswertungen mit dem SOEP (hier die Welle 2013) liefert einen weiteren wichtigen Hinweis zum Zusammenhang zwischen

88 Vgl. Buecker et al., In a Lonely Place, S. 4ff.

89 Auch das European Social Survey kommt zu dem Ergebnis, dass der Siedlungstyp Stadt oder Land nur marginalen Einfluss auf Einsamkeits- und Isolationserfahrung in der EU hat – vgl. D'Hombres et al., Loneliness, S. 4.

90 Vgl. Buecker et al., In a Lonely Place, S. 4ff.

91 Vgl. Arant/Dragolov/Boehnke, Sozialer Zusammenhalt in Deutschland 2017, S. 48.

Einsamkeitserleben und Raum: Die Befragten, die nach eigener Aussage, mehr als zwanzig Minuten entfernt von öffentlichen Parks oder Sport- und Freizeitmöglichkeiten wohnten, gaben überdurchschnittlich häufig an, einsam zu sein.[92] Wohnortnahe Grundversorgung schützt offensichtlich vor Einsamkeit. Europaweit betrachtet ist die Prävalenz für Einsamkeit und Isolation dort gering, wo wir moderne individualistische Wertemuster, stabile Wohlfahrtsstaaten, prosperierende Arbeitsmärkte und flächendeckende Infrastrukturausstattung vorfinden.

Mithin sind Einsamkeit und Isolation auch Spiegel fehlender Gelegenheits- und Begegnungsstrukturen wie etwa Sozialer Orte, die es erlauben, mit anderen Menschen in der Öffentlichkeit zusammenzukommen. Es wird deutlich, dass nicht allein individuelle Faktoren wie Gesundheit oder Erwerbsstatus Einfluss nehmen auf das Erleben von Einsamkeit, sozialer Isolation und Exklusion, sondern Raumstrukturen eine entscheidende Rolle bei der Entstehung von gesellschaftlicher Unverbundenheit spielen. Es sind eben nicht mehr nur Einzelschicksale, sondern Einsamkeit und Isolation werden durch strukturelle Rahmenbedingungen forciert, die besonders ausgeprägt (vulnerable) Gruppen treffen, die sich ausgeschlossen, abgehängt und nicht mehr der Gesellschaft zugehörig fühlen.

3.4 Verlust und Verachtung

Erfahrungen der sozialen Isolation und Exklusion sind hoch selektiv. Sie treffen vor allem Menschen in Armut und prekärem Wohlstand, mit Behinderungen und schweren Krankheiten. Seit einigen Jahren lässt sich nun aber beobachten, dass nicht alleine sozial-ökonomisch prekäre Gruppen, Schichten und Milieus von Ausgrenzung und Deklassierung sprechen, sondern diese Klage bis in die Mitte der Gesellschaft reicht. Offensichtlich scheinen sich ganze Bevölkerungsgruppen als »abgehängt« und politisch unverstanden zu fühlen.[93]

Nach der bereits zitierten, repräsentativen »More in Common«-Studie aus dem Jahr 2019 (und damit aus vorpandemischen Zeiten) scheint die deutsche Gesellschaft in zwei Hälften zu zerfallen: In »Bürgerinnen und Bürger

---

92 Vgl. Buecker et al., In a Lonely Place, S. 5.

93 Vgl. Deppisch, Gefühle des Abgehängtseins; Osztovics/Kovar/Fernsebner-Kokert, Wir und die anderen, S. 33ff.

erster« und »zweiter Klasse«. Auf die Frage »Ich fühle mich häufig als Bürger zweiter Klasse« bejahten 51 Prozent der Befragten die Aussage, 49 Prozent stimmten nicht zu.[94] Besonders stark fühlen sich die Ostdeutschen als »Bürgerinnen und Bürger zweiter Klasse«. Dies belegt erneut die Studie der Bertelsmann Stiftung »Dreißig Jahre Deutsche Einheit« aus dem Jahr 2020: Eine deutliche Mehrheit (83 Prozent) der ostdeutschen Befragten gab an, in der Zeit nach der Wiedervereinigung unfair behandelt worden zu sein. Gleichzeitig fühlten sich rund 60 Prozent von ihnen wie »Bürgerinnen und Bürger zweiter Klasse« beurteilt, wohingegen dieses Gefühl nur 21 Prozent der Westdeutschen kannten.[95] Dies korrespondiert mit dem Ergebnis, dass im Jahr 2018 nur knapp die Hälfte der Ostdeutschen (48 Prozent) im Vergleich zu anderen Bürgerinnen und Bürgern in Deutschland glaubte, einen gerechten Anteil oder sogar mehr als das zu erhalten.[96] Ein gutes Viertel der Ostdeutschen (27 Prozent) befürchtete gar, zu denen zu gehören, die zurückbleiben und am gesellschaftlichen Aufschwung nicht teilhaben. Im Westen empfanden dies mit 18 Prozent deutlich weniger Menschen. Geht in den alten Bundesländern die Zahl der Menschen zurück, die sich Sorgen machen, abgehängt zu sein, so steigt die Zahl in den neuen Bundesländern um 3 Prozentpunkte von 24 im Jahr 2016 auf 27 im Jahr 2019.[97] Neben den als immer noch nicht gleich oder gleichwertig empfundenen Lebens- und Arbeitsbedingungen, dem nicht völlig angeglichenen materiellen Wohlstand zwischen Ost und West, sehen viele Ostdeutsche insbesondere ihre Lebensleistung, aber auch die Transformationsleistung von den Westdeutschen nicht ausreichend gewürdigt.[98] Das Gefühl der relativen Deprivation und der fehlenden positionalen Anerkennung gipfelt dann nicht selten in Systemkritik. In Ostdeutschland sind Menschen, die sich im Vergleich zu anderen benachteiligt fühlen, signifikant unzufriedener mit der Demokratie als Menschen, die meinen, sie erhielten, im Vergleich zu anderen, ihren gerechten Anteil. So nimmt die Einschätzung der

---

94 Die Studie verwendet eine für Deutschland bisher nicht eingesetztes Studiendesign, das Instrumente der Politikwissenschaft mit denen der Sozialpsychologie verbindet. Mehr als 4.000 Personen wurden 2019 ausschließlich Fragen zu Grundwerten und Einstellungen gestellt, nicht aber zu demografischen Indikatoren oder zu politischen Debatten. Vgl. Krause/Gagné, Die andere deutsche Teilung, S. 9, 115.

95 Vgl. Faus/Hartl/Unzicker, Einheit, S. 34.

96 Vgl. Pollack, Das unzufriedene Volk, S. 185f.

97 Vgl. Köcher, Große Herausforderung im Osten, Tabelle A4.

98 Vgl. Faus/Hartl/Unzicker, Einheit, S. 21.

allgemeinen wirtschaftlichen Lage und der Verfasstheit des Gemeinwohls (in Ostdeutschland) deutlichen Einfluss auf die Demokratiezufriedenheit.[99]

> »Die Zufriedenheit mit der Art und Weise, wie unsere Demokratie funktioniert, ist offenbar nicht nur einfach davon abhängig, wie es den Menschen persönlich geht, sondern ebenso und noch mehr davon, wie es nach ihrer Einschätzung dem Land geht. Zufrieden sind die Menschen mit der Demokratie in dem Maße, wie sie das Gefühl haben, dass die Wirtschaft gut läuft – und dies sogar in einer relativen Unabhängigkeit von ihrer jeweiligen persönlichen Lage, […].«[100]

Auch Beate Küpper weist in ihrer Studie »Das Denken der Nichtwählerinnen und Nichtwähler« aus dem Jahr 2017 darauf hin, dass alte Erklärungsmuster im Hinblick auf Deprivation und Wahlverhalten nicht mehr relevant sind. Bisher galt, dass unter den Nichtwählern und Nichtwählerinnen deutlich mehr Menschen aus unteren sozialen Schichten stammten oder in Arbeitslosigkeit lebten, die sich häufig sozial und ökonomisch depriviert, machtlos und politisch entfremdet fühlten. Dies lässt sich heute so nicht mehr halten, denn Nichtwählerinnen und Nichtwähler stammen nur noch geringfügig häufiger aus prekären Verhältnissen.[101]

> »Dabei hängt das Gefühl der (relativen) Deprivation nur recht schwach oder gar nicht mit der finanziellen Situation, gemessen am Haushaltseinkommen der Befragten, zusammen. Das bedeutet, das Gefühl durch wirtschaftliche Entwicklung bedroht zu sein, ist gerade bei den Nichtwählerinnen und Nichtwählern völlig unabhängig von ihrem Einkommen vorhanden.«[102]

Gleichwohl zeigen Nichtwählerinnen und Nichtwähler mit 37 Prozent (2016) ein deutlich rechtspopulistisches Einstellungsmuster, befürworten Etabliertenvorrechte und misstrauen der Demokratie in nicht unerheblichem Maße.[103]

---

99 Vgl. Pollack, Das unzufriedene Volk, S. 196ff.

100 Pollack, Das unzufriedene Volk, S. 195.

101 Vgl. Küpper, Nichtwähler, S. 23.

102 Küpper, Nichtwähler, S. 12.

103 Vgl. Küpper, Nichtwähler, S 18ff.

3.4.1 Politisch verlassen und infrastrukturell abgehängt

Das Misstrauen in die demokratischen Institutionen und allen voran gegenüber Politikerinnen und Politikern wird von der Vermutung genährt, dass sich die Politik ohnehin nicht für die Probleme der »kleinen Leute« interessiert, ja nicht einmal weiß, wie es da »unten« eigentlich zugeht. Abstiegsängste, enttäuschte Erwartungen und kulturelle Ressentiments als Erfahrungshorizont globaler Transformationen amalgamieren an konkreten Orten, insbesondere in Trabantenstädten und verödenden ländlichen Räumen.[104] Qualitative Interviews mit Anwohnerinnen und Anwohnern aus Berlin-Marzahn berichten beispielsweise von Gerechtigkeitserwartungen, die ins Leere laufen, von der fortwährenden Erfahrung, nicht gehört zu werden, und von der daraus resultierenden Enttäuschung und Abwendung von Politik und demokratischem Gemeinwesen.[105]

In ihrem viel beachteten Buch »Fremd in ihrem Land« erzählt Arlie Russel Hochschild von dem ungebrochenen Fortschrittsglauben, dem Stolz und Arbeitsethos im tiefen Süden der USA, aber auch von den Entwertungserfahrungen, der Wut und den Globalisierungsängsten, die viele Wählerinnen und Wähler in die Arme der ultrakonservativen Tea-Party getrieben und Trumps Wahl zum Präsidenten ermöglicht haben. Hochschild zeichnet eine tiefgespaltene US-amerikanische Gesellschaft, in der nicht Wissen und Informationen die Sichtweisen und Standpunkte der Menschen bestimmen, sondern das Vorhandensein einer emotional tief verankerten Haltung zur Welt, die darüber entscheidet, wie sie die wirtschaftliche Entwicklung, die Globalisierung und die Politik wahrnehmen und welche Konsequenzen sie aus ihnen ziehen. Hochschild fasst diese konservativen Erzählungen zu einer »Tiefengeschichte« (»deep story«) der alltäglichen Weltsichten zusammen, die »sich für viele Menschen wie die eigentliche Wahrheit« anfühlen.[106] Solche »Tiefengeschichten«, die von enttäuschten Gerechtigkeitsvorstellungen, Marginalisierung und kultureller Abwertung traditioneller Lebensformen und -modellen handeln, lassen sich für Arbeiterinnen und Arbeiter, die den rechtspopulis-

104 Vgl. Deppisch, Gefühle des Abgehängtseins.

105 Vgl. Stapf-Finé, Beitrag zur Demokratietheorie; ders., Handlungsempfehlungen, S. 194.

106 Vgl. Hochschild, Fremd im eigenen Land, S. 27.

tischen Parteien zuneigen, sowie für Landwirte und Landwirtinnen, die mit dem Rücken zur Wand stehen, auch in Deutschland erzählen.[107]

Aber es sind nicht nur Erzählungen von Angehörigen »absteigender« Klassen wie Arbeiterschaft und Landwirtschaft, sondern das Narrativ mangelnder politischer Responsivität hat auch eine territoriale Seite: »abgehängte« ländliche Räume und verwahrloste Stadtquartiere. Hierbei sind diese Räume eben nicht nur wirtschaftlich, kulturell und infrastrukturell abgehängt, sondern auch politisch vernachlässigt: Mit besonderem Blick auf »die politisch Verlassenen« führten deutsche und französische Wissenschaftlerinnen und Wissenschaftler in strukturschwachen Regionen Frankreichs und Deutschlands, die hohes rechtes Wählerpotential aufwiesen, im Jahr 2017 in 500 privaten Haushalten kurze Haustürgespräche durch.[108] Zentrales Ergebnis für Deutschland war, dass es eine große Diskrepanz zwischen der vermeintlich (durch Migration) bedrohten Nation und ihren eigenen Alltagssorgen gibt. Die Befragten fühlten sich in ihren Sorgen und Nöten – wie Angst vor Arbeitsplatzverlust oder Infrastrukturdefiziten – von der Politik nicht wahr- und ernstgenommen:

> »Forderungen nach einem nationalistisch orientierten Kurs (›Deutschland zuerst!‹) beruhen im Wesentlichen auf dem Gefühl, dass die Politik die falschen Prioritäten setzt, entgegen der Lebensrealität der Menschen. So besteht oft die Wahrnehmung, dass z. B. Maßnahmen zur Bewältigung der Flüchtlingskrise oder außenpolitisches Engagement nicht grundsätzlich falsch sind, dafür aber Anstrengungen und Investitionen vor Ort ausbleiben, um handfesten Herausforderungen im Alltag, wie dem steigenden ökonomischen Druck auf Geringverdiener oder den Lücken in der Daseinsvorsorge, zu begegnen. Viele Befragte glauben, dass sozial und geographisch Gesellschaftsräume entstanden sind, aus denen sich die Politik zurückgezogen hat. Es herrscht ein Gefühl des Verlassenseins.«[109]

Aus Sicht dieser Bürgerinnen und Bürger hat sich der Staat bzw. die öffentliche Hand institutionell »verabschiedet«. Die unterschiedlichen Verlustgeschichten und -erzählungen erzeugen ein Bild, in dem ganze Gruppen der Gesellschaft sich »fremd in ihrem Land« fühlen, abgekoppelt und alleingelassen mit ihren Sorgen um ihre berufliche Zukunft, um ihr Altwerden in

107 Vgl. Dörre, »Land zurück!«; Pieper, Frauen in der Landwirtschaft.

108 Vgl. Hillje, Rückkehr zu den politisch Verlassenen, S. 1.

109 Hillje, Rückkehr zu den politisch Verlassenen, S. 1.

de-infrastrukturalisierten Dörfern und abgewirtschafteten Stadtteilen. Diese Prozesse führen auch zu der individuellen wie kollektiven Erfahrung, dass die Menschen vor Ort mit ihren alltäglichen Sorgen und Problemen auf keine Resonanz im politischen Raum stoßen.

3.4.2 Landwirtschaftliche Vergangenheit und »Wendeerfahrung«

Welche Rolle spielen regionale Bedingungsfaktoren bei der Einschätzung des persönlichen Verbundenseins mit der Gesellschaft? Gibt es regional unterschiedliche (Verlust-)Narrative?

Diesen Fragen sind wir im Rahmen des Projektes »Das Soziale-Orte-Konzept« mittels einer Online-Umfrage sowie anhand von Experten- und Haustürgesprächen (insgesamt rund 100) in zwei Landkreisen in Hessen (Waldeck-Frankenberg) und Thüringen (Saalfeld-Rudolstadt) nachgegangen. Die landkreisweite Online-Umfrage erbrachte das Ergebnis, dass sich die Mehrheit der befragten Bewohnerinnen und Bewohner, die sich an der Online-Erhebung beteiligten, in beiden Landkreisen im Großen und Ganzen gut in die Gesellschaft integriert fühlen. Allerdings sagen auch hier Menschen: »Ich fühle mich von der Gesellschaft ausgeschlossen.« Diese Aussage korrelierte einerseits mit dem Haushaltsnettoeinkommen. Ärmere Haushalte betrachteten sich häufiger exkludiert als Haushalte in der Einkommensklasse über 3.000 Euro. Andererseits spielte die Größe des Wohnorts eine wichtige Rolle. Menschen, die auf dem Dorf leben, fühlen sich deutlich häufiger integriert als Einwohnerinnen und Einwohner von Klein- oder Mittelstädten. In Ortschaften unter 500 Einwohnerinnen und Einwohnern gaben lediglich gut 16 Prozent an, sich nicht als Teil der Gesellschaft zu sehen. In Klein- und Mittelstädten der beiden Landkreise war es dann gar ein knappes Viertel, das sich nicht zur Gesellschaft zugehörig fühlte.[110]

Bei den Haustürgesprächen und Ortsterminen offenbarte sich im direkten Vergleich der beiden Landkreise jedoch ein deutlicher Unterschied, wie die Lage vor Ort eingeschätzt, wie Zusammenhalt in Ost und West wahrgenommen und wie darüber gesprochen wird. In beiden Landkreisen gibt es vielfältige Erzählungen von der Abwanderung junger Menschen, infrastrukturellem Rückbau und Vereinssterben. Gleichwohl fallen die Bewertungen des Zusammenhalts im eigenen Wohnort sowie auf Landkreisebene bei den

110 Vgl. Neu/Riedel/Stichnoth, Gesellschaftliche und regionale Bedeutung von Daseinsvorsorge, S. 180ff.

Befragten in Saalfeld-Rudolstadt deutlich negativer aus als im Landkreis Waldeck-Frankenberg. In Thüringen wird sehr deutlich der Verlust des sozialen Zusammenhalts seit der Wende betont: Der Zusammenhalt in der DDR sei im alltäglichen Leben stärker gewesen, aber auch die negativen Erfahrungen nach der Wende – etwa die Auflösung von Betriebskollektiven durch Werksschließungen – kommen zur Sprache. Selten sind Stimmen zu hören, die den Alltag in einer Diktatur thematisieren und explizit auf den »von oben verordneten Zusammenhalt, der aus der Mangelwirtschaft geboren wurde« hinweisen, wie es ein Interviewter aus dem thüringischen Landkreis ausdrückte. Die Erosion der Dorfgemeinschaften durch massive Abwanderung wird beklagt und viele Menschen haben das Gefühl, in einer sozial und infrastrukturell »abgehängten« Region zu leben. Eine zentrale Rolle spielt der Weggang der jungen Leute. Mit ihnen wandert aus der Sicht der Zurückbleibenden die Zukunft ab.[111] Familienstrukturen und -erfahrungen verändern sich, wenn die Kinder und Enkel nur noch für einen Wochenendbesuch oder für einen längeren Aufenthalt in den Sommerferien vor Ort sind. Auch die Wahrnehmung einer politischen Spaltung in der eigenen Gemeinde bzw. im Landkreis wird formuliert.[112] Die Konflikte werden schärfer ausgetragen. Es entsteht ein Klima der Unversöhnlichkeit und der fehlenden Kompromissbereitschaft, die als wesentlich für den lokalen Zusammenhalte erachtet wird. So spielen im thüringischen Landkreis wohl auch soziotrope Effekte eine Rolle: in dem Sinne, dass nicht die eigene persönliche Lage oder Erfahrung ausschlaggebend sein muss, sondern sich die kollektive Erfahrung von De-Industrialisierung, hoher Arbeitslosigkeit im sozialen Umfeld, dauerhafter Abwanderung der jungen Leute oder anhaltender Strukturschwäche der Region in der Bewertung des gesellschaftlichen Zusammenhalts niederschlägt.[113]

Der Landkreis Waldeck-Frankenberg ist ebenso wie der thüringische Kreis stark vom demografischen Wandel betroffen, landschaftlich reizvoll, touristisch gut erschlossen und weist durchaus eine mittelständische Wirtschaft auf, die Arbeitsplätze bietet. Gleichwohl finden wir auch hier ein Verlustnarrativ, allerdings deutlich weniger ausgeprägt und ohne konkreten Bezugspunkt (wie die Wendeerfahrung im Osten), an dem eine Veränderung des (örtlichen) Zusammenhalts hätte festgemacht werden können. Das

111 Vgl. Vogel, Schrumpfende Regionen.

112 Vgl. Mautz, Auswertung und Analyse.

113 Vgl. Manow, Die Politische Ökonomie des Populismus, S. 73f.

Verlustnarrativ im hessischen Landkreis bezieht sich auf eine nicht näher eingegrenzte »gute alte Zeit«, in der vor allem die Landwirtschaft noch eine große Rolle spielte und ein traditionelles Leben mit (vermeintlich) intakter Dorfgemeinschaft geführt wurde.

> »Wenn man beispielsweise mal seine Großeltern reden hört, wie es damals zuging, beispielsweise auch in der Landwirtschaft, da ging es halt nur, wenn jeder dem anderen geholfen hat.«

> »Das rührt sozusagen von der bäuerlichen Tradition her, wo die dann ja wirkliche Schicksalsgemeinschaften waren und in den kleinen Gemeinschaften sozusagen ihr Leben irgendwie bestreiten mussten. [...] Ähm, und das schlägt immer noch durch. Also, diese landwirtschaftlichen Traditionen. Und das heißt also, gesellschaftlicher Zusammenhalt, inzwischen ist ja, sozusagen, die bäuerliche Struktur ist weg. Wir haben im Grunde die komplette Palette der gesellschaftlichen Schichten, Strukturen usw., sind ja auch in den Dörfern vorhanden. Und die handeln schon noch irgendwie, sozusagen, im Sinne eines Zusammenhalts. Aber auch nicht darüber hinaus.«

In den Erzählungen im Landkreis Waldeck-Frankenberg, die sich auf die heutige Zeit beziehen, erscheint und beschreibt sich die ländliche Gesellschaft selbst noch immer als weitgehend traditionell. Das klassische Vereinswesen, aber auch neue Bürgerprojekte wie die genossenschaftlich geführte Dorfkneipe »Alte Schule« in Dalwigksthal, das »Dorf Art Festival« im kleinen Frebershausen oder das Bürgerbad in Rengershausen spielen im öffentlichen Leben eine große Rolle. Auch die Kirche ist noch ein wichtiger Akteur im Raum. Strukturveränderungen haben ihren Niederschlag auch in Waldeck-Frankenberg hinterlassen. Allerdings sind sie nicht als Strukturbruch erlebt worden, sondern haben sich allmählich vollzogen. Verfallene Dorfkerne und marode Fachwerkstädte finden sich auch in diesem Landkreis zuhauf. Aber sie sind Ausdruck einer kontinuierlichen Veränderung ländlicher Räume und können keinem gesellschaftlichen Bruch wie der »Wende« 1989/1990 zugerechnet werden.[114]

114 Vgl. auch Nikolic, Nebenan und doch so fern.

3.5 Gesellschaftliche Lage und persönliche Situation

Die Pandemie stellt die Reißfestigkeit des gesellschaftlichen Bandes auf eine harte Probe. Einmal mehr zeigt sich, was bereits vor der Corona-Krise offensichtlich war: das Erleben von Solidarität und Unterstützung im persönlichen Umfeld, die Wahrnehmung intakter Netzwerke vor Ort und einer vitalen Zivilgesellschaft führen für viele Menschen offensichtlich nicht (mehr) zu einer positiven Gesamtbeurteilung von Demokratie, rechtsstaatlichen Institutionen und Zusammenhalt. Gesellschaftliche Spaltungslinien verlaufen nicht ausschließlich entlang von Einkommensgrenzen und klar abgrenzbaren Statusgruppen. Die Ergebnisse der empirischen Untersuchungen zeigen daher kein einheitliches Bild der deutschen Gesellschaft, das sich klaren sozioökonomischen Schnittmustern fügt. Sichtbar wird eher ein Vexierbild, das einerseits steigende regionale Disparitäten, Ungleichwertigkeiten in den Lebensverhältnissen und Exklusionsprozesse, Unsicherheiten und Wut abbildet, andererseits aber auch eine Gesellschaft, die weit mehrheitlich zufrieden, engagiert und demokratisch ist. Gesellschaftliche Narrative von bröckelndem Zusammenhalt und Verlust gemeinschaftlicher Werte verhandeln individuelle und kollektive Sorgen und Bedarfe – etwa nach einer solidarischen Gemeinschaft, sozialer Anerkennung oder individuellen Selbstverortung. Immer wieder scheint durch, ob in großen Bevölkerungsumfragen oder lokalen Ortsbegehungen, dass intermediäre Vermittlungs- und Verankerungsinstanzen fehlen, die die Brücke schlagen zwischen dem persönlichen Erleben und den gesellschaftlichen Entwicklungen. Kenneth Anders und Lars Fischer schreiben zu diesem Spannungsverhältnis:

> »1. Die gesellschaftlichen Kommunikationen sind heute aufgrund der stetig nachlassenden Ressourcenbindungen in den Arbeits- und Alltagswelten und infolge der globalisierten Medien kaum noch oder nur temporär an den eigenen Raum gebunden. Es entsteht also eine Kluft zwischen den Diskursen und der persönlichen Raumerfahrung. 2. Durch diese Kluft erleben immer mehr Menschen ihre Welt im Modus anhaltender Verunsicherung und Einflusslosigkeit. Für die Demokratien ist es folglich existentiell, raumbezogene Diskurse zu entwickeln und mit ihnen kommunikative Wechselwir-

> kungen zwischen dem eigenen Leben und den globalen Ereignissen zu stiften.«[115]

Im folgenden Kapitel werden wir uns nun genau diesen Vermittlungsinstanzen zwischen persönlicher Situation und gesellschaftlicher Lage zuwenden: den Sozialen Orten, die durch Mitwirkung demokratischen Zusammenhalt, neue Raumerfahrung und Selbstverortung schaffen. Es entstehen neue lokale Ideen und Lösungen, Erzählungen von Gemeinschaft, aber auch von Konflikt. Soziale Orte wirken durch ihre verschiedenen Akteure (Bürgerinnen und Bürger, Zivilgesellschaft, Verwaltung, Unternehmen) in alle Bereiche der Gesellschaft und in die Region hinein und überbrücken so die Kluft zwischen dem eigenen Leben und den gesellschaftlichen Ereignissen.

115 Anders/Fischer, Auf der Suche nach einer neuen Sesshaftigkeit, zitiert in Doehler-Bezahdi, Stadt, Land, Landschaft, S. 605.

4. Die Produktion von Zusammenhalt oder die Wirklichkeit Sozialer Orte

Soziale Orte entstehen nicht von selbst. Sie müssen produziert werden, von Bürgerinnen und Bürgern, von Zivilgesellschaft und Verwaltungen, von lokalen Unternehmen und Verbänden. Sie setzen die staatliche Gewährleistung von Daseinsvorsorge voraus und werden von bürgerschaftlichem Engagement belebt. Der Blick auf die Wirklichkeit Sozialer Orte zeigt, wie voraussetzungsvoll der gesellschaftliche Zusammenhalt unserer Gesellschaft ist. Er lebt von sozialen Beziehungen, dem gegenseitigen Vertrauen, von Nähe und Nachbarschaft (4.1), aber auch öffentlichen Institutionen und technischen Infrastrukturen, die wir oft wie selbstverständlich voraussetzen. Soziale Orte brauchen und schaffen zugleich beides: Persönliches Miteinander und demokratische Infrastrukturen (4.2). Dies zeigen auch die Fallbeispiele aus Saalfeld-Rudolstadt und Waldeck-Frankenberg (4.3). Dabei bedürfen lokale Herausforderungen gerade auch regionaler Lösungen (4.4). Soziale Orte sind als Kooperationszusammenhang zu begreifen (4.5), der nicht nur entwickelt, sondern auch immer wieder konsolidiert werden muss (4.6).

4.1 Nähe und Nachbarschaft

Menschen erleben Zusammenhalt vor allem als Angelegenheit des Nahraums – in der Familie oder Nachbarschaft, dem Freundeskreis oder Wohnquartier, im Verein oder in der Kirchengemeinde. Doch wie entsteht dieses Gefühl des Verbundenseins, des Miteinanders? Offensichtlich müssen wir uns gar nicht immer mögen, um uns verbunden zu fühlen. Vielmehr geht es um den »Effekt des bloßen Kontaktes« (»mere exposure effect«) oder der »sozialen Redundanz«, wie es die Sozialanthropologin Sharon Macdonald nennt.[1] Räumliche Nähe führt dazu, dass man sich schlichtweg häufiger begegnet: beim Bäcker oder Spazierengehen, im Sportverein oder Bus. Die immer gleichen Menschen treffen in verschiedenen Funktionen an verschiedenen Orten aufeinander. Macdonald geht davon aus, dass sich bei jedem Kontakt – selbst wenn man den Namen des anderen (noch) nicht wisse – allein durch diese Begegnung die soziale Beziehung von Menschen verändert, nach und nach vertrauter wird.[2]

So braucht es also nicht nur räumliche Nähe, sondern auch miteinander verbrachte Zeit, die Vertrautheit stiftet. Aber Raum und Zeit allein lassen noch nicht unbedingt gute persönliche Beziehungen entstehen. Die Vielzahl nachbarschaftlicher Streitereien, die vor Gericht enden, zeugen davon. Hier erscheint der Nachbar als der natürliche Feind des Menschen; oder anders ausgedrückt: Es gibt gute Nachbarn, aber sie leben immer woanders. Dies bedeutet vor allem, dass persönliche Bindungen gepflegt werden müssen, sei es nun im Freundeskreis oder der Nachbarschaft. Es geht darum, die Pflege dieser persönlichen Beziehungen immer wieder zu bestätigen und zu erneuern durch den Austausch sozialer Ressourcen, durch das gegenseitige Grüßen, die alltägliche Erkundigung nach dem Wohlbefinden, gegenseitige Achtung und Unterstützung.[3] So entsteht ein fein austariertes System, das verschiedene Stufen der Interaktion im öffentlichen Raum kennt. Mit den unterschiedlichen Bekanntheitsstufen gehen nach Eva Barlösius verschiedene Verpflichtungen, aber auch Beziehungs- und Handlungsmöglichkeiten einher:[4] Bereits das einfache Erkennen sowie das Kennen verpflichten zum Gruß. Kennt man sich namentlich, so bleibt man in der nächsten Stufe zusätzlich stehen, um sich zu unterhalten. Was im Umkehrschluss aber auch bedeutet, dass diejenigen seltener angesprochen werden, deren Namen man nicht kennt. Namentlich Unbekannte werden also seltener in die dörflichen Aktivitäten und sozialen Vernetzungen einbezogen. Diese Stufe des »Namen-Kennens« eröffnet zugleich den ersten Möglichkeitsraum für kleinere Unterstützungsangebote oder -gesuche, denn sie macht einfache Nachbarschaftshilfen möglich. Die höchste Stufe der Bekanntheit, das Kennen der Familienbiografie, mit ihren komplexen Verwandtschaftsbeziehungen, Lügen

1 Vgl. hierzu und im Folgenden Neu/Nikolic, Mythos Gemeinschaft? S. 177ff.; Nikolic, Du schon wieder? S. 629ff.

2 Vgl. Macdonald, Du schon wieder, S. 24.

3 Vgl. Petermann, Persönliche Netzwerkressourcen, S. 3.

4 Vgl. Barlösius, Dörflichkeit, S. 64ff.

und Geheimnissen, die über einen längeren Zeitraum ausgetauscht wurden, ermöglicht schließlich das Einfordern umfangreicherer Hilfeleistung, die mit Arbeit assoziiert sind – Mithilfe beim Hausbau – oder die eine tiefe Vertrautheit voraussetzen, wie das Geben oder Einfordern von Ratschlägen in persönlichen Krisen. Entscheidend für all diese Bekanntheitsstufen und ihre Beziehungsmöglichkeiten bleibt, dass sie auf Reziprozität beruhen: Es ist ein Geben und Nehmen. Durch Reziprozität entstehen gegenseitige Abhängigkeiten, Erwartungen, gar Forderungen.[5]

> »Das wird natürlich alles ordentlich aufgerechnet und abgerechnet miteinander. Es tut eigentlich selten einer, ich hätte fast gesagt niemals, aber selten einer was umsonst. Ja, es gibt dann schon manchmal solche Sachen, wie *Bittarbeit*. Dass man dann auch sagen kann zu einem, [...] ob er das mal tut? Trotz seiner ansonsten starken Belastung.« (Experteninterview)[6]

Hinzu kommt nicht nur die moralische Verpflichtung und die gelernte Einsicht in die Notwendigkeit der gesellschaftlichen Kooperation, sondern auch Treue, die auf das Bestehen des Verhältnisses gerichtet ist und schließlich Dankbarkeit, die durch ständiges Hin- und Hergeben in einer Gesellschaft, zu einem der stärksten Bindemittel zwischen Individuen wird.[7]

> »Mir gefällt hier sehr die nachbarschaftliche Hilfe [...]. Wenn ich Hilfe brauche ist immer jemand da. Egal was ist, ich brauche nur mal anzurufen und zu sagen: ich brauche das und das. Das ist im Dorf Gott sei Dank noch geblieben.« (Haustürgespräch Landkreis Saalfeld-Rudolstadt)

Unterstützung in der alltäglichen Lebensführung, kleine Gefälligkeiten werden besonders dort geradezu überlebenswichtig, wo Familienangehörige weit entfernt leben, wohnortnahe Grundversorgung fehlt und der Weg zur nächsten Einkaufsgelegenheit für mobilitätseingeschränkte oder ältere Menschen zu lang und beschwerlich ist:

> »Die Busverbindungen sind katastrophal [...]. Wer jetzt wirklich nur auf den Bus angewiesen ist, der ist ganz arm dran.« (Haustürgespräch Landkreis Saalfeld-Rudolstadt)

---

5 Vgl. Krätschmer-Hahn, Verbindlichkeit, S. 63.

6 Wenn nicht anders angegeben, entstammen die Interviewpassagen den im Rahmen des BMBF-geförderten Projekts »Das Soziale-Orte-Konzept« geführten Interviews aus den Jahren 2017 bis 2020.

7 Vgl. Krätschmer-Hahn, Verbindlichkeit, S. 64ff.

Es wird deutlich, warum Menschen, die in weniger gut gestellten finanziellen Verhältnissen leben, den sozialen Zusammenhalt in ihrer Nachbarschaft seltener als gut einschätzen als Bessergestellte:[8] Sie können weniger (zurück-)geben oder fürchten, den Nachbarn etwas schuldig zu bleiben. Sie verletzen das Gebot der Reziprozität. Das Nehmen erzwingt auch das (irgendwann und irgendwem) Wiedergeben. Dann besser um nichts bitten, um so der Gefahr des »zurückgeben Müssens« auszuweichen. Das Dorf, immer wieder verklärt zum Idealbild der sorgenden Gemeinschaft, ist eben oft auch »Not- und Terrorgemeinschaft«.[9] Denn Nähe hat ihren Preis:

> »Wichtiger Begriff für Dorf ist natürlich auch immer Nachbarschaft. Also was tun Nachbarn? Gibt es da irgendein besonderes Verhältnis? Wie weit erstreckt sich Nachbarschaft? Sind das nur Leute, die nebeneinander wohnen oder ist das ein weiterer Begriff, eben Nachbarschaft? Naja, und dann kommt dann auch gleich die Umkehrung: was bedeutet ›zusammenhalten‹? Das bedeutet neben dem Befürsorgen, auch gegenseitig sich kontrollieren, bewachen.« (Expertengespräch)

Die starke soziale Kontrolle im Dorf erzeugt eben nicht nur Gemeinschaft, sondern sanktioniert Abweichung und erzwingt so Homogenität und Konformität. Wer sich nicht unterordnet, muss gehen. Die Literatur ist voll von landflüchtigen Helden.[10] Selbst wenn Vielfalt heute gelebter Teil ländlicher Realität ist, so braucht es – um diese Nähe und gegenseitige Kontrolle zu ertragen – klare Verhaltensregeln, ungeschriebene Gesetze des Miteinanders, die jeder kennt. Auch dies hat längst seine literarische Form gefunden, die sich – wie Juli Zeh – den Stadtflüchtlingen widmet.[11] Thomas Zippert kommt in seiner Sozialraumanalyse für die Gemeinde Diemelsee (Landkreis Waldeck-Frankenberg) zu folgendem Urteil:

> »Auf dem Land scheint sich eine andere Dynamik von Nähe und Distanz zu zeigen, als in Städten oder deren Umland: Eine große vorhandene Nähe erfordert geschützte Räume, die vor dieser Nähe schützen.«[12]

---

8 Vgl. Reutlinger/Stiehler/Lingg, Soziale Nachbarschaften, S. 18 und Kapitel 3.2 Gleichwertigkeit und Segregation.

9 Vgl. Jeggle/Ilien, Dorfgemeinschaft; Nell/Weiland, Gutes Leben auf dem Land?

10 Vgl. Weiland, Böse Bücher aus der Provinz; Marszałek/Nell/Weiland, Über Land.

11 Vgl. Zeh, Unterleuten; dies., Unter Menschen.

12 Zippert, Sozialraumanalyse, S. 67.

Weiter beschreibt er Nachbarschaftshilfe als fragiles Konstrukt, das stark von den Menschen und ihrem Verhalten in der Vergangenheit geprägt ist:

> »Einem alten ›Stinkstiefel‹ wird sein Verhalten nicht vergessen. Und Rückzug von der Dorfgemeinschaft wird in der Regel als freie Entscheidung *gegen* die Dorfgemeinschaft interpretiert; über andere Gründe, Motive, Vorgeschichten, schlechte Erfahrungen, Hilflosigkeiten und Ängste wird nicht lange nachgedacht.«[13]

So bleiben Angst und Armut im ländlichen Raum zumeist unsichtbar und Nachbarschaftshilfe endet an der Haustür. Kleine Unterstützungsdienste beschränken sich auf die Mitnahme zu Einkäufen zum nächstgelegenen Supermarkt, Mithilfe im Garten, das Leeren des Briefkastens in den Ferien und das wachsame Auge auf die Rollläden und die Zeitung im Briefschlitz.

> »Bei *hoher sozialer Kontrolle*, räumlicher Nähe und jahrzehntelanger gemeinsamer Geschichte lässt man Nachbarn nicht gerne ins Haus, schon gar nicht ins Schlaf- und Badezimmer. Eine Ausnahme stellt die gegenseitige innerhäusliche Hilfe unter Witwen dar (›Haare machen‹, ›Stützstrümpfe anziehen‹ u. a.).«[14]

Gutes nachbarschaftliches Miteinander – vom Grüßen bis zur aktiven Nachbarschaftshilfe – sind für die meisten Menschen selbstverständlich und ein starker Quell sozialen Zusammenhalts. Doch dies ist nicht ganz voraussetzungsfrei. Ein Grüßen, Unterstützung oder gar konkrete Hilfe beruhen auf (der Annahme von) Gegenseitigkeit: Wer seinen Nachbarn hilft, dem wird im Gegenzug ebenso geholfen. Dabei muss die Hilfe nicht direkt vom »Schuldner« kommen. Es reicht, wenn man sich in der Gemeinschaft eine Art Zeitkontingent oder »Guthaben« an Nachbarschaftshilfe erarbeitet hat. Das bedeutet aber auch, dass es Zugezogene immer schwer haben, Nachbarschaftshilfe zu erfragen. Zunächst gilt es, die Nachbarschaft zu pflegen und selbst zu unterstützen, ehe man Leistungen einfordern kann. Ein Ausnahmefall ist die konkrete Notsituation. In der Not gilt: Selbstverständlichkeit vor Gegenseitigkeit. Im Haus allerdings, ist sich jeder selbst der Nächste. Kommt es hier zum Hilfebedarf, muss die Familie einspringen oder ein Dienstleister beauftragt

13 Zippert, Sozialraumanalyse, S. 34 (Hervorhebung im Original).

14 Zippert, Sozialraumanalyse, S. 35 (Hervorhebung im Original).

werden. Letzteres gilt vor allem für langanhaltende, kontinuierliche Bedarfe wie im Fall von schwerer Krankheit oder Pflegebedürftigkeit.[15]

Der von vielen Menschen als gut oder gar sehr gut empfundene Zusammenhalt im persönlichen Umfeld ist also eine Funktion aus räumlicher Nähe, Kontaktgelegenheiten und -häufigkeit, aufgebautem Vertrauen, aber auch Zeit, die man »gemeinsam« durchlebt hat. Die Menschen vertrauen darauf, dass sie im Fall kleiner Unterstützungsbedarfe aus ihrem persönlichen Umfeld heraus Hilfe erfahren. Sie wissen aber auch, dass sie selbst in ihre Nahbeziehungen investieren müssen, um das soziale Gleichgewicht und den Zusammenhalt nicht zu gefährden.

4.2 Soziale Orte – Orte der Kommunikation und Kooperation

Was aber, wenn Kontaktmöglichkeiten immer seltener werden, weil die Orte der Begegnung, der Kommunikation verschwinden? Vielerorts verwaisen Vereinsheime, schließen Jugendclubs und die Kneipe ist auch schon lange »dicht«. Metzger geben auf, Läden bleiben dunkel. Kommunikation wird – nicht nur pandemiebedingt zusehends – »ins Netz« verlegt. Streamen ist bequemer, als sich auf den Weg zum Kino zu machen. Wo kommen Menschen im Quartier, im Dorf oder in der Kleinstadt noch zusammen, wenn diese öffentlichen Orte verloren gehen? Blicken wir auf eher außeralltägliche Orte, die nicht nur zufällige Begegnungen und lockere Kommunikation ermöglichen, sondern für eine demokratische Öffentlichkeit von entscheidender Bedeutung sind: Theater und Oper, Parlament, Amt und Gericht, Hochschule und Museen. Hier werden gesellschaftliche Konflikte verhandelt, Meinungen ausgetauscht, Diskurse geführt, die uns – so Finanzminister Olaf Scholz – »in die Lage versetzen, einander zu verstehen. […] Doch in der jüngsten Zeit sind uns die Orte für diese Verständigung vielfach abhandengekommen. In den Filterblasen und der Erregungsdemokratie der sozialen Netzwerke findet eine solche Verständigung leider kaum statt.«[16] Wo begegnet sich Gesellschaft dann noch – jenseits von Klasse und Stand?

In den vergangenen Jahren sind wir in unserer Feldforschung immer wieder mit der Erzählung von »verlorenen« Orten konfrontiert worden. Oft erhielten wir als Antwort auf die Frage, was fehlt im Dorf oder Stadtteil: So-

15 Vgl. Zippert, Sozialraumanalyse, S. 35; Neu/Nikolic, Mythos Gemeinschaft?, S. 179f.

16 Scholz, Plädoyer, S. 6.

ziale Orte! Orte, an denen man sich treffen kann, etwas zusammen macht, wo etwas passiert! Der Begriff der »Sozialen Orte« signalisiert Begegnung, Kommunikation und Mitwirkung.[17] Es wird noch zu zeigen sein, dass Soziale Orte gleichwohl mehr sind als zwanglose Begegnungsorte, wie sie Ray Oldenburg erstmals 1989 in seinem Werk »The Great Good Place«[18] begrifflich gefasst hat: Er nannte sie »Dritte Orte« (»Third Places«). Diese Dritten Orte sind ein öffentlicher Raum, der vollkommen unabhängig vom »First Place« (dem Zuhause) und dem »Second Place« (dem Arbeitsplatz) gemeinschaftlich nutzbar ist. Dabei sind Oldenburgs »Dritte Orte« eher unspektakulär: Cafés, Friseursalons, Supermärkte. Sie sind alltägliche Treffpunkte, die gern auch von Stammpublikum frequentiert werden. Diese öffentlichen Orte haben eine niedrige Zugangsschwelle und sie dienen hauptsächlich kleinen Besorgungen und der ungezwungenen Kommunikation – auch über Milieugrenzen hinweg. Es sind Orte, die für soziale Redundanz sorgen, an denen man sich immer wieder verabredet oder zufällig trifft.

Soziale Orte sind auch öffentliche Orte der Begegnung und Kommunikation, des Miteinanders, der verstetigten Kontakte, an denen gemeinschaftliche Aktivitäten stattfinden und sich Menschen versichern, wofür sie einstehen. Soziale Orte gehen aber weit über das bloße Treffen und Begegnen hinaus. Sie sind Räume des inklusiven Engagements, der Mitwirkung und durchaus auch des Konfliktes und des Schutzes.[19] Dabei müssen sie nicht unbedingt physisch betretbar sein: auch regionale Netzwerke und lokale Initiativen, in denen Menschen aus Zivilgesellschaft, Verwaltung und Wirtschaft zusammenkommen, sich engagieren und sich verbinden, stellen Soziale Orte dar.

Die Fragen nach diesen Begegnungs-, Kommunikations- und Diskursorten[20] – Sozialen Orten eben – haben vor dem Hintergrund der Corona-Pandemie noch einmal eine ganz neue Brisanz erhalten. Möglicherweise

---

17 Vgl. Baade et al., Daseinsvorsorge; Laschewski et al., Das aktive und soziale Dorf.

18 Vgl. Oldenburg, Great Good Place.

19 Der niederländische Architekt Aat Vos weist auf eine weitere wichtige Funktion Sozialer Orte hin: »Wir müssen uns bewusst machen, dass soziale Orte außerhalb des Hauses für einige von uns auch Zufluchtsorte sind und dass diese Orte eine Sicherheit bieten, die das Zuhause nicht bieten kann.« AHV NRW Magazin, Wir brauchen soziale Orte, S. 90.

20 Mittlerweile finden sich neben Dritten Orten und Verständigungsorten (Scholz) eine ganze Reihe weiterer Begrifflichkeiten, die öffentliche Orte versuchen zu beschreiben: Produktive Orte (Hillmann/Alpermann, Kulturelle Vielfalt in Städten) oder Resonanzorte (Stapf-Finé, Beitrag zu einer prozess- und ergebnisorientierten Demokratietheo-

werden eine Reihe von Kultureinrichtungen, Kinos und Clubs die pandemiebedingten Durststrecken der Schließungen nicht überstehen. Kleinstädte leiden unter dem Zusammenbruch des Einzelhandels und verödeten Ortszentren, und Dörfer verlieren wichtige Treffpunkte. Die Erfahrung der ostdeutschen Transformation hat gezeigt, dass in ländlichen Räumen eben nicht nur neue Räume für Raumpioniere und Kulturschaffende entstehen, sondern zuvorderst Leerstellen, die nicht einfach wieder aufgefüllt werden können.[21] Zusammenhaltsgefährdende Verlustnarrative speisen sich auch aus infrastrukturellem Rückbau und dem Verfall öffentlichen Raums.

4.3 Fallbeispiele: Saalfeld-Rudolstadt und Waldeck-Frankenberg

Doch die Rhetorik des Verlustes hilft nicht weiter. Deutlich zukunftsweisender erscheint es, nach Beispielen zu suchen, die Zusammenhalt in den Kommunen auch in kritischen Zeiten gestalten und dabei helfen, lokale Demokratie zu stärken. Welcher Impulse und Motoren bedarf es? Welche Rahmenbedingungen müssen geschaffen werden, damit in Gemeinden und Quartieren, in denen die Infrastruktur bereits deutlich gelitten hat und in denen Einzelhandelsgeschäfte, Sparkassen, die örtliche Verwaltung, Schulen und Kirchen geschlossen wurden, wieder Zusammenhalt entwickelt werden kann?

Über gut vier Jahre (2016–2020) haben wir mit unseren Göttinger Forschungsteams in zwei Landkreisen – dem thüringischen Saalfeld-Rudolstadt und dem hessischen Waldeck-Frankenberg – Soziale Orte gesucht und gefunden, sie im Hinblick auf ihre Entstehung und ihre Gelingensfaktoren, ihre Rahmenbedingungen und Voraussetzungen analysiert sowie nach ihren Initiatoren und Aktivisten, Netzwerken und Unterstützern gefragt. Wir haben untersucht, wie Zusammenhalt wahrgenommen wird und sich (neu) konstituiert.

Dem Forschungsfeld »Soziale Orte« haben wir uns mit Expertengesprächen, Umfeldanalysen, Haustürgesprächen, Ortsbesichtigungen,

---

rie). Im Gegensatz dazu lotet die neue »Mitte-Studie« menschenfeindliche Orte aus (Zick/Küpper, Die geforderte Mitte).

21 Vgl. Kersten/Neu/Vogel, Lichtungen, S. 6.

teilnehmender Beobachtung, künstlerischen Interventionen und einer Online-Umfrage genähert.[22]

Bewusst wurden mit den beiden Landkreisen Saalfeld-Rudolstadt und Waldeck-Frankenberg zwei Untersuchungsregionen ausgewählt, die sich in durchaus vergleichbarer regionaler Lage in der Mitte Deutschlands befinden, demografische Herausforderungen zu bewältigen haben, sowohl sehr ländliche Räume als auch (Klein-)Städte aufweisen, touristisch über eine gewisse Tradition verfügen und wirtschaftlich kleinteilig, wie zum Teil auch robust aufgestellt sind (Landwirtschaft, Industrie, Handwerk und Mittelstand). Vor Ort sind – trotz demografischer Veränderungen und Strukturwandel – durchaus noch Ressourcen vorhanden, um auf die Herausforderungen zu reagieren.[23] Wie aber haben wir nun die Sozialen Orte in den Landkreisen gefunden? Die Auswahl der Sozialen Orte in den Landkreisen erfolgte in einem mehrstufigen Verfahren, das aus Gesprächen mit Expertinnen und Experten (wie Landrätinnen und Landräten, LEADER-Gruppen etc.), Exkursionen in die Landkreise mit Ortsbesichtigungen, Dokumentenanalyse und Internetrecherche bestand. Die im Folgenden vorgestellten Sozialen Orte – im Schwarzatal sowie in Rudolstadt, Diemelstadt, Löhlbach, Dalwigksthal und Strohte – weisen sehr unterschiedliche Strukturmerkmale auf: Stadt- und Ortsteile, Dörfer, diverse Aktionen und Räume, Projekte und Prozesse, unterschiedliche Netzwerke und Akteursgruppen, die sich beteiligen, verschiedene Zielgruppen. Der Blick auf das, was Menschen als Soziale Orte verstehen, sollte nicht durch ein vorheriges Indikatorenraster eingeschränkt werden, wenngleich alle ausgewählten Sozialen Orte dennoch Ähnlichkeiten aufweisen, die im Folgenden dargestellt werden.

Wie also können wir uns diese Sozialen Orte nun konkret vorstellen? Um es gleich vorweg zu nehmen: »Den« einen exemplarischen Sozialen Ort gibt es nicht. Auch sind es nicht die klassischen Vereine (Sport, Schützen, Landfrauen), Freiwillige Feuerwehr oder Kirchengemeinden, die Soziale Orte idealtypisch repräsentieren. Vielmehr sind es oftmals Akteursbündnisse aus Bürgerinnen und Bürgern, Zivilgesellschaft, Verwaltung und Unternehmen, die sich häufig aus einem empfundenen (infrastrukturellen) Mangel heraus einer konkreten Aufgabe stellen.

22 Vgl. zur Methodik ausführlich Arndt et al., Soziale Orte; Neu, Das Soziale-Orte-Konzept.

23 Vgl. ausführliche Darstellung der Landkreise in Arndt et al., Soziale Orte; Neu, Das Soziale-Orte-Konzept.

4.3.1 Fallbeispiele Saalfeld-Rudolstadt

Während der zahlreichen Forschungsaufenthalte in Saalfeld-Rudolstadt weckte insbesondere das Uneindeutige und Kontrastreiche am Landkreis unser Interesse. Zwischen kultureller Vielfalt, Strukturschwäche, industrieller Tradition, Abwanderungsbewegungen und stabilen Engagementstrukturen machten wir uns auf die Suche nach Orten und lokalen Prozessen, in denen sich neue Akteurskonstellationen, Vernetzungen und Aktionsformen herausbilden. Deutlich wurde, dass »moderne« Formen bürgerschaftlichen Engagements längst auch in diesem ostdeutschen Landkreis anzutreffen sind und hier eine nicht unwichtige Rolle bei der Herstellung sozialen Zusammenhalts spielen. Der Facettenreichtum der Forschungsregion zeigte sich auch in den Sozialen Orten, die wir dort identifizierten. Aus einer Vielzahl werden im Folgenden drei exemplarische Beispiele für Soziale Orte vorgestellt, an denen – in jeweils unterschiedlicher Ausprägung – zivilgesellschaftliche, kommunalpolitische und wirtschaftliche Akteure beteiligt sind: die regionale Initiative »Zukunftswerkstatt Schwarzatal«, das Akteursbündnis »Rudolstadt blüht auf« und die lokale Initiative »Neue Nachbarn Rudolstadt«.[24]

In allen drei Fällen kam der eigentliche Anstoß für die Entstehung von Sozialen Orten »von unten«, also von einer Bottom-up-Initiative. Die Sozialen Orte hatten damit ihren Ursprung in einem sozialen Akteursfeld, das viele der von uns im Landkreis Saalfeld-Rudolstadt befragten Menschen als grundlegend für die Herstellung von gesellschaftlichem Zusammenhalt ansehen. Aus unserer Sicht handelt es sich hier auch deswegen um jeweils neu entstandene Soziale Orte, weil die involvierten Initiativen und Akteursbündnisse tragfähige lokale bzw. regionale Entwicklungen in Gang gesetzt haben, bereits einen Prozess der internen Stabilisierung sowie der Verstetigung und Institutionalisierung durchlaufen hatten. Auch im Selbstverständnis der beteiligten Akteure sind sowohl die von ihnen geschaffenen Organisations- und Vernetzungsstrukturen als auch die inhaltlichen Ziele auf Dauerhaftigkeit ausgerichtet. Im Folgenden werden die untersuchten Beispiele kurz vorgestellt.

Die regionale Initiative »*Zukunftswerkstatt Schwarzatal*«: Nach einer bereits früh im 19. Jahrhundert beginnenden touristischen Erschließung hatte sich

24 Die folgenden Ausführungen basieren im Wesentlichen auf Mautz, Bürgerschaftliches Engagement als Impulsgeber sozialen Zusammenhalts; Mautz et al., Zusammenhalt durch Soziale Orte. Neue Perspektiven für den ländlichen Raum; Mautz, Auswertung und Analyse.

das Schwarzatal seit den 1880er Jahren zu einer viel besuchten Region für die »Sommerfrische« entwickelt. Dies wurde vom Auf- und Ausbau einer entsprechenden Verkehrsinfrastruktur sowie eines breiten Angebots an Hotels und Pensionen begleitet. Während der DDR war das Schwarzatal ebenfalls ein stark frequentiertes und staatlich gefördertes Urlaubsziel. Nach 1990 ist der Tourismus jedoch fast völlig eingebrochen. Viele Bewohnerinnen und Bewohner der Region verloren ihre materielle Lebensgrundlage. Die touristische Infrastruktur im Bereich von Gastronomie und Hotellerie ging stark zurück. Die Dörfer leiden bis heute an Bevölkerungsschwund. Es gibt viel baulichen Leerstand und die Sommerfrische-Architektur ist teilweise in einem maroden Zustand. Um diesem Verfall nicht tatenlos zusehen zu müssen und den Blick konsequent auf die Potentiale der Region zu richten, wurden seit 2011 unter dem Titel »Zukunftswerkstatt Schwarzatal« verstärkt Treffen und Workshops zur Regionalentwicklung mit regionalen Akteurinnen und Akteuren aus Zivilgesellschaft, Wirtschaft und Verwaltung veranstaltet (»Schwarzburger Gespräche«), Projektanträge gestellt (etwa Bundeswettbewerb »Zukunftsstadt«) und überregionale Partnerinnen und Partner (Wissenschaft, Internationale Bauausstellung Thüringen [IBA]) gesucht. Inzwischen ist ein regionales Akteurs- und Organisationsnetzwerk aus zivilgesellschaftlichen, kommunalen und regionalwirtschaftlichen Akteuren entstanden, seit Frühjahr 2017 als eingetragener Verein. Es ist das Ziel, den Niedergang aufzuhalten und in eine regional zukunftsfähige Entwicklung zu überführen. Unter regionalwirtschaftlichen Gesichtspunkten geht es den beteiligten Akteurinnen und Akteuren vor allem um die Neubelebung der touristischen Nutzung; in den Worten eines der Aktivisten der »Zukunftswerkstatt Schwarzatal«:

> »Ansatzpunkt war zu sagen, wir brauchen zum einen was, um die touristische Entwicklung in der Region voranzutreiben, dann natürlich diesen Schatz, [...] diese Bäder-Architektur, die dort vorhanden ist. Und dann auch als Alleinstellungsmerkmal mit dem Begriff Sommerfrische zu arbeiten, um anzuknüpfen an diese doch sehr erfolgreiche Geschichte des Tourismus im Schwarzatal. [...] Wo wir natürlich auch mit der Leerstandsproblematik, die ja vorherrscht dort im Schwarzatal auch durch den demografischen Wandel, gucken wollten, dass wir diese Gebäude, die ja sehr wertvoll und einmalig sind, erhalten und gleichzeitig aber auch eine touristische Entwicklung voranzutreiben.«

Es geht der »Zukunftswerkstatt Schwarzatal« aber nicht nur um die regionale Tourismusentwicklung, sondern auch um neue Wege der sozialen Nachhaltigkeit in der Region. Der Trend zur Abwanderung aus der Region soll etwas entgegengesetzt werden, z. B. durch die Förderung neuer Arbeits-, Wohn- und Lebensformen im Schwarzatal, insbesondere auch für (ehemalige) Stadtbewohnerinnen und Stadtbewohner: Wichtig sei es,

> »sie zu erhalten und aber auch auf vielfältige Art und Weise neue Wohn- und Lebensformen in den ländlichen Raum zu bringen. Also es ist nicht so, dass wir sagen, es gibt eine ganz konkrete Zielgruppe, auf die dieses Projekt ausgelegt ist, sondern es geht um die Vielfalt. Um zu zeigen, sei das jetzt indem man sagt, man macht eine Art Kommune, oder sei es Familienwohnen oder auch Seniorennutzung, es ist praktisch relativ breit.«

Dieses Netzwerk kann als exemplarisches Beispiel für die Schaffung einer regionalen Struktur Sozialer Orte – bzw. eines sich über eine ganze Region erstreckenden Sozialen Ortes – betrachtet werden. Angestrebt werden ein stärkeres Zusammenwirken sowohl der Menschen als auch der ursprünglich stark konkurrierenden Gemeinden in der Region sowie die Nachhaltigkeit der sozialen, wirtschaftlichen sowie landschaftlich-ökologischen Entwicklung des Schwarzatals. Als einer von mehreren Erfolgsfaktoren erweist sich die intensive Kooperation mit externen Akteurinnen und Akteuren: Hier ist zum einen die Unterstützung durch das LEADER-Regionalmanagement im Landkreis Saalfeld-Rudolstadt zu nennen, wodurch sich neue Möglichkeiten der Zusammenarbeit sowie der Projektförderung ergaben. Durch eine erfolgreiche Wettbewerbsteilnahme gelang es überdies, die Internationale Bauausstellung Thüringen (IBA) mit ins Boot zu holen, die sich mit Fördermitteln, fachlichem Input und personeller Unterstützung an der Wiederinstandsetzung von Teilen der historischen Sommerfrische-Architektur beteiligt. Der bereits oben zitierte Befragte der »Zukunftswerkstatt Schwarzatal« betont die Relevanz solcher Impulse von außen:

> »Aber es braucht, und da bin ich auch mittlerweile felsenfest, gerade bei diesen demografisch gebeutelten Gebieten: Es braucht einen Impuls von draußen«.

Die bürgerschaftliche Initiative *»Rudolstadt blüht auf« (RBA)*: Das »Aktionsbündnis«, das 2009/2010 ins Leben gerufen worden ist, steht ebenfalls für einen sich selbsttragenden Prozess, der es zu einem Sozialen Ort macht. Mitwirkende seien Bürgerinnen und Bürger, Institutionen, Kindergärten und Schulen, Vereine, Firmen und die Stadtverwaltung Rudolstadt, die sich »zum Ziel gesetzt hat, Rudolstadt noch grüner, noch blühender zu machen«. Dadurch soll die Lebensqualität in der Stadt weiter gesteigert, und es sollen (neue) Orte der Begegnung geschaffen werden:

> »Das städtische, gewerbliche und private Grün verleiht der Stadt Charme und Wohlfühlatmosphäre, lässt Oasen entstehen, lädt zum Verweilen und zur Begegnung ein«.[25]

Kern des Aktionsbündnisses ist ein 2011 gegründeter Verein »Rudolstadt blüht auf e. V. «, dessen Engagement und praktische Arbeit neben den bereits genannten Zielen auch dem in der Vereinssatzung festgehaltenen Zweck dienen, »den Natur- und Umweltschutz sowie die Landschaftspflege [zu] stärken und [...] dem Grundsatz der Nachhaltigkeit« zu folgen. Dies soll in »enger Abstimmung mit der Stadtverwaltung Rudolstadt« geschehen, auch weil etliche der infrage kommenden Grünflächen in städtischem Eigentum stehen. Zur Gründung des Aktionsbündnisses »Rudolstadt blüht auf« bedurfte es – wie bei vielen anderen bürgerschaftlichen Initiativen auch – einer Initialzündung bzw. eines konkreten Anlasses, der zum Kristallisationskern eines sich herausbildenden Akteursnetzwerkes werden konnte. In diesem Fall war es ein Beschluss des Stadtrats, dass Rudolstadt 2009 an einem bundesweiten Wettbewerb »Entente Florale« teilnahm. Zu den frühen Erfolgsfaktoren von »Rudolstadt blüht auf« gehörte – wie in Interviews berichtet wurde – überdies, dass man in den Genuss einer »richtige[n] Anschubfinanzierung« kommen konnte. Zudem sei man durch Spenden von Firmen und Privatleuten »reich beschenkt« worden. Durch diese Zuwendungen vergrößerten sich die Handlungsspielräume für eigene Projekte, Aktionen und Maßnahmen beträchtlich, wovon man noch heute zehrt. Es ist zudem ein Hinweis darauf, dass man mit den eigenen Konzepten und Zielen in der lokalen Bevölkerung, bei hier ansässigen Unternehmen und zumindest in Teilen der Politik schnell auf positive Resonanz und breite Akzeptanz stieß. Die skizzierten Erfolgsfaktoren in der Startphase boten günstige Voraussetzungen für eine Verstetigung des Engagements und die Erweiterung der Arbeitsfelder des Aktionsbündnisses. Dass dies gelingen konnte, war zu Beginn jedoch keineswegs selbstverständlich, sondern hatte auch mit dem Selbstverständnis und den Handlungsstrategien seiner Protagonistinnen und Protagonisten sowie der offenen Struktur des Bündnisses zu tun. Die Vereinsmitglieder, die insgesamt nur 15 bis 20 Personen umfassen, bilden dabei den organisatorischen Kern des Aktionsbündnisses, sichern die Kontinuität des Ganzen und haben strategische Schlüsselpo-

25 Die Zitate entstammen der Homepage von »Rudolstadt blüht auf«.

sitionen inne, ohne die die Arbeitsfähigkeit und das produktive Zusammenwirken eines solchen Verbunds freiwillig und ehrenamtlich tätiger Personen kaum aufrecht zu erhalten wären. Ein solches kontinuierliches Engagement scheint viel mit dem hier möglichen Gemeinschaftserlebnis zu tun haben: mit der zwanglosen Form der Zusammenkunft, dem Erlebnis des gemeinsamen Arbeitens und der Sichtbarkeit des Arbeitsergebnisses sowie dem anschließenden Zusammensitzen in lockerer Plauderrunde bei Wein und selbstgemachtem Imbiss:

> »Es muss Spaß machen, das ist das Entscheidende. Also wenn eine Sache aufgesetzt oder erzwungen ist, dann funktioniert das nicht.« (Mitglied der Initiative)

»Rudolstadt blüht auf« kann als ein Beispiel dafür gelten, wie aus dem ursprünglichen Nukleus einer bürgerschaftlichen Initiativgruppe – den Gründerinnen und Gründern dieses Aktionsbündnisses – ein neuer Sozialer Ort entstehen konnte, der im Laufe der vergangenen zehn Jahre im kleinstädtischen Kontext von Rudolstadt an Sichtbarkeit, Größe und sozialer Komplexität zunahm: durch vielfältige Vernetzungsaktivitäten der Initiativgruppe, durch die Institutionalisierung des Organisationszwecks in Gestalt der Vereinsgründung, durch die Vielfältigkeit der – zum großen Teil niederschwelligen – Projekt- und Aktionsformen und deren Öffnung auch für Nicht-Vereinsmitglieder und punktuell Mitwirkende und schließlich durch (von den Akteurinnen und Akteuren nur begrenzt beeinflussbare) Ausstrahlungs- und Diffusionseffekte des eigenen Engagements innerhalb des lokalen Sozialraums sowie teilweise auch in die Nachbarorte hinein. Dass man mit den eigenen Aktivitäten, Projekten und Aktionen zum gesellschaftlichen Zusammenhalt beiträgt, gehört zum Selbstverständnis unserer Interviewpartnerinnen und -partner bei »Rudolstadt blüht auf«.

Das lokale Akteursbündnis *»Neue Nachbarn Rudolstadt« (NNR)*: Dieser dritte Soziale Ort, der hier vorgestellt werden soll, ist ein Beispiel dafür, wie ein Zusammenschluss aus Engagierten Öffentlichkeit erzeugt und sich positiv auf die lokale Demokratie sowie den gesellschaftlichen Zusammenhalt auswirken kann: Das lokale Akteursbündnis »Neue Nachbarn Rudolstadt« wurde 2015 als ehrenamtliche Flüchtlingsinitiative gegründet. Aktueller Anlass waren Proteste einer Bürgerinitiative, die sich gegen eine in Rudolstadt geplante Erstaufnahmestelle für Geflüchtete richteten. Daraufhin hatte sich ein Kreis von Rudolstädterinnen und Rudolstädtern zusammengefunden, um sich für Geflüchtete in ihrer Stadt zu engagieren.

> »Also ich muss sagen, das hat ja einen unheimlichen Drive gehabt, als das losging. Das war ja auch für uns überwältigend. Wir hatten zwischenzeitlich 300 Leute in dem E-Mail-Verteiler, und ich würde sagen, 80 Prozent von denen waren auch wirklich aktiv. Es war nicht einfach nur eine Liste, sondern aktive Leute.« (Akteurin von »Neue Nachbarn Rudolstadt«)

Eine Erstaufnahme wurde nicht eingerichtet, aber eine Gemeinschaftsunterkunft, die seitdem intensive Unterstützung durch die »Neuen Nachbarn Rudolstadt« findet. Im Zuge vielfältiger Vernetzungsaktivitäten hat sich diese Initiative zu einem Sozialen Ort entwickelt. Er zeichnet sich dadurch aus, dass ein breites Spektrum lokaler Akteurinnen und Akteure sowie Akteursgruppen aus Zivilgesellschaft, Landkreis, kommunalen Parteien sowie Teilen der Wirtschaft in neue Kooperationsbeziehungen eingebunden werden konnte. Inhaltlich zusammengehalten wird dieses Akteursbündnis durch den gemeinsamen Fokus auf Hilfe und Unterstützung für Geflüchtete, etwa durch praktische Ersthilfe (beispielsweise Beratung, Behördengänge), durch Herstellung von neuen Kontaktmöglichkeiten zur Rudolstädter Bevölkerung oder durch gezielte Integrationsmaßnahmen (beispielsweise Sprachkurse, Einrichtung eines Clubraums als Begegnungsstätte, Wohnungssuche für Geflüchtete mit Bleibeperspektive, Vermittlung von Praktikums- oder anderen Beschäftigungsmöglichkeiten).

Ein Erfolgsfaktor von »Neue Nachbarn Rudolstadt« liegt darin, dass man die formale Institutionalisierung der Initiative begrenzt hat. So habe man sich – so berichten Akteurinnen und Akteure – bewusst gegen eine Vereinsgründung entschieden, um einen »niedrigschwelligen« Zugang zur »losen Initiative« zu ermöglichen. Ein formelle Mitgliedschaft sei dafür nicht erforderlich. Jede und jeder könne über die Homepage von »Neue Nachbarn Rudolstadt« Kontakt aufnehmen. Mit dieser Vorgehensweise wolle man sicherstellen, dass man niemanden ausschließe, nur weil sie oder er bereits in einem Verein mit fester Mitgliedschaft tätig sei. Zu den Besonderheiten der Kooperation mit den genannten Organisationen und Einrichtungen gehört zudem, dass letztere sich nicht nur im ehrenamtlichen Rahmen beteiligen, sondern zum Teil auch hauptamtlichen Input liefern (und das manchmal in ein und derselben Person): So haben mehrere Jahre lang hauptamtliche Mitarbeiterinnen der Arbeiterwohlfahrt die »Ehrenamtskoordination« von »Neue Nachbarn Rudolstadt« mit übernommen und damit die Ehrenamtlichen im Koordinationskreis entlastet. Zudem gehört eine Caritas-Mitarbeiterin zum Koordinationskreis von »Neue Nachbarn Rudolstadt«, und dies *auch* in hauptamtlicher Funktion, weil im Projekt »Migrationsberatung« der Caritas diese Kooperation »Neue Nachbarn Rudolstadt« ausdrücklich vorgesehen ist.

Alles in allem zeigt sich, dass sich im Rahmen der breiten und vielfältigen Vernetzungsaktivitäten von »Neue Nachbarn Rudolstadt« ein Sozialer Ort entwickelt hat, der davon gekennzeichnet ist, dass ein breites Spektrum lokaler Akteurinnen und Akteure sowie Akteursgruppen aus Zivilgesellschaft, Landkreis, kommunalen Parteien sowie Teilen der Wirtschaft in neue Kooperationsbeziehungen eingebunden werden konnte.

4.3.2 Fallbeispiele Waldeck-Frankenberg

Aus dem hessischen Landkreis Waldeck-Frankenberg werden im Folgenden vier Beispiele für Soziale Orte vorgestellt: der »Dorfplatz Löhlbach«, die Bürgergenossenschaft »Schule Dalwigksthal«, die »Zukunftswerkstatt Diemelstadt« und die »Solidarische Landwirtschaft Falkenhof Strothe«.[26]

Der *»Dorfplatz Löhlbach«*. Löhlbach ist ein bürgerschaftlich aktiver Ort mit 1.300 Einwohnerinnen und Einwohnern und vielen Vereinen. Gesellschaftliche Aktivitäten wie größere Veranstaltungen, Märkte und Feste fanden jahrzehntelang außerhalb des Dorfkerns statt. Dies führte dazu, dass sie aufgrund der schlechten fußläufigen Erreichbarkeit oft weniger gut besucht waren. Es fehlte ein gemeinsamer Begegnungsort im Zentrum. 2010 wurde dieser Ort – auf Initiative des damaligen Bürgermeisters – durch die Umnutzung der alten Schule sowie die Sanierung des Dorfplatzes geschaffen. Auf dem Gelände zog ein Dorfladen ein, eine Bäckerei mit Sitzgelegenheiten und die Sparkasse, die allerdings mittlerweile wieder geschlossen ist. Dieser Platz wird nun von allen Altersgruppen rege für alltägliche Besorgungen, private Verabredungen, aber auch für außeralltägliche Anlässe wie St.-Martins-Feiern genutzt. Weil die Vereine jetzt mitten im Ort feiern, können die Angebote nun von deutlich mehr Bürgerinnen und Bürgern und zugleich auch von Nicht-Vereinsmitgliedern in Anspruch genommen werden. Der öffentliche Raum in Löhlbach wurde durch die vorgenommenen Veränderungen belebt, was als positiv für den sozialen Zusammenhalt wahrgenommen wird. In der Pandemie entwickelte sich der Dorfplatz zu *dem* Treffpunkt in Löhlbach. Hier konnten die Menschen Einkaufen und Begegnung im Freien miteinander verbinden. Gleichzeitig bleibt aber auch die Sorge, wie es mit dem Dorfladen,

26 Die folgenden Ausführungen folgen im Wesentlichen Neu, Akteure; dies., Basis; Nikolic, Du schon wieder?; Neu/Nikolic, Soziale Orte in Zeiten der Pandemie.

dessen Besitzer schon mehrfach gewechselt hat, und dem nun leerstehenden Gebäude der Sparkasse weitergeht. Der ehemalige Bürgermeister beschreibt das Problem so:

> »Alle wissen, dass sie im Alter darauf angewiesen sind, fußläufig einkaufen zu können – trotzdem erledigen die meisten ihre Einkäufe auf dem Rückweg von der Arbeit in größeren Supermärkten.«

Die Bürgergenossenschaft »*Schule Dalwigksthal*«. Der kleine Ort Dalwigksthal verfügt über 190 Einwohnerinnen und Einwohner. Er hat im Jahr 2012 mit der Bürgergenossenschaft »Schule Dalwigksthal« eine neue Ortsmitte geschaffen. Aufgrund der bevorstehenden Schließung des Dorfgemeinschaftshauses in der ehemaligen Schule, taten sich Dalwigksthalerinnen und Dalwigksthaler sowie Unterstützerinnen und Unterstützer der umliegenden Gemeinden zusammen und gründeten den genossenschaftlich geführten Dorftreff mit Biergarten und eigener Küche. Durch den Verkauf von über fünfzig Genossenschaftsanteilen (500 Euro pro Anteil) sowie Fördergelder der EU konnte dieses Projekt verwirklicht werden. Die Genossenschaftskneipe ist mit ihrer vielfältigen Nutzung – die Räumlichkeiten können auch für private Veranstaltungen gemietet werden – zu *dem* Sozialen Ort in Dalwigksthal geworden, dessen Angebot für alle offen ist: »In Dalwigksthal wird das soziale Leben in großem Maße durch die Alte Schule bestimmt«, sagt ein Bewohner. Nun ist die Alte Schule seit Monaten geschlossen; und ob sie nach Corona wieder öffnen können wird, ist derzeit noch ungewiss. Bleiben die Türen geschlossen, so verlieren Rentnertreff, Freitagsstammtisch und Skat-Club ihre Heimat. Besonders für Alleinstehende und ältere Menschen wäre das ein herber Verlust, wie ein Befragter äußert: »Für mich als Alleinstehender ist das hier ein sehr wichtiger Treffpunkt.«

Die »*Zukunftswerkstatt*« *Diemelstadt*. Diemelstadt liegt im Norden des Landkreises Waldeck-Frankenberg. Der 5.200 Einwohnerinnen und Einwohner zählende Ort verliert seit circa 20 Jahren durch niedrige Geburtenraten und Abwanderung kontinuierlich Wohnbevölkerung. Anders als in vielen ländlichen Gemeinden wurde das Problem des demografischen Wandels hier aber schon früh erkannt und – seitens der Kommunalpolitik – aktiv nach Lösungsansätzen gesucht. Als im Herbst 2015 der Gemeinde 140 Geflüchtete zugewiesen wurden, war das Thema »Migration« bereits in der Bevölkerung verankert. Ganz selbstverständlich wurden in Zusammenarbeit mit der Kirchengemeinde, Vereinen und Ehrenamtlichen sehr schnell Aktivitäten für die neuen Nachbarinnen und Nachbarn ins Leben gerufen (beispielsweise

Kleiderkammer, Kochaktionen), um sie in das soziale Leben in Diemelstadt einzubinden und ihren Spracherwerb zu fördern. Durch transparente Kommunikation und das gemeinsame Erarbeiten von Lösungsstrategien ist es gelungen, den Zuzug von Geflüchteten nicht als Bedrohung der Gemeinschaft zu sehen, sondern ihn strategisch als Chance für alle zu verstehen. Angeregt durch die positiven Reaktionen auf den angestoßenen gemeindeinternen Diskussions- und Entwicklungsprozess, startete der Bürgermeister im Jahr 2015 eine »Zukunftswerkstatt«. Hier wurden Leerstand, Abwanderung und Arbeitskräfte thematisiert. Im Jahr 2018 folgte sodann der Dorfmoderationsprozess »Vision 2030 Diemelstadt«. In allen Ortsteilen der Gemeinde kam es zu moderierten Dorfgesprächen. Es ging um Wünsche und Visionen für die Gemeinde: Mobilität, Baupläne, ärztliche Versorgung oder schnelles Internet. Viele der Vorschläge sind bereits umgesetzt, so zum Beispiel ein Bürgerbus und eine Dorf-App namens »CROSSIETY«, die in der Corona-Pandemie ein äußerst wichtiges Kommunikationsmittel geworden ist. Mehr als 40 Prozent der Einwohnerinnen und Einwohner waren im Sommer 2020 bereits über die App miteinander verbunden. Ähnlich wie bei den beiden vorgestellten Sozialen Orten in Saalfeld-Rudolstadt (»Zukunftswerkstatt Schwarzatal«, »Rudolstadt blüht auf«) handelt es sich in Diemelstadt nicht um ein einzelnes Projekt mit festem Standort, sondern um einen mehrjährigen Prozess, der viele Akteurinnen und Akteure bindet und mit der Dorf-App einen weiteren wichtigen Schritt in Richtung digitaler Vernetzung und sozialem Zusammenhalt geht.

Die *»Solidarische Landwirtschaft Falkenhof Strothe« (SoLawi Falkenhof Strothe)*. Die Hofgemeinschaft hat sich 2016 in Strothe angesiedelt, einem kleinen Dorf in der Nähe der Kreisstadt Korbach. Mitglieder und Kundschaft kommen sowohl aus dem Ort selbst, aber auch aus dem Umland. Auf dem Hof kann nicht nur der gekaufte Ernteanteil abgeholt, sondern man kann an den Mitmachtagen auch selbst aktiv werden. Die Mitglieder der Solidarischen Landwirtschaft engagieren sich stark vor Ort. Sie wirken in den ortsansässigen Vereinen mit und bauen aktuell ihre Scheune zum »Dialograum Kulturknolle« um.[27] Hier soll ein neuer Kommunikationsort entstehen, der mit vielseiti-

27 Die SoLaWi Strothe ähnelt hier in vielem den von der Robert-Bosch-Stiftung geförderten »Neulandgewinnern«, die sich als Teil einer gesellschaftlichen Transformation sehen. Ihre Aktivitäten sind nicht rein ehrenamtlich, sondern zielen konkret auch auf Alternativen zu den bestehenden Wirtschaftsstrukturen ab. Die »Neulandgewinner« sind »Akteure und Projekte, die nicht länger warten wollen, dass jemand von ›oben‹

gen Kulturangeboten – wie Konzerten, Lesungen, Bühnenprojekten, Ausstellungen – Menschen unterschiedlichen Alters und Herkunft auf dem Hof und im Dorf zusammenbringen soll. Anders als für viele Soziale Orte gestaltete sich die Situation in pandemischen Zeiten für die »Solidarische Landwirtschaft Falkenhof Strothe« sehr positiv, da die Nachfrage nach bio-regionalem Gemüse so hoch gewesen ist wie nie zuvor. Zudem war der Hof im Lockdown einer der wenigen Orte, an dem sich Menschen, mit Abstand und im Freien, austauschen konnten. Dennoch sieht eine Mitinhaberin der »Solidarischen Landwirtschaft Falkenhof Strothe« den gesellschaftlichen Zusammenhalt durch Corona unter Druck:

> »Im Dorf merkt man, dass vor allem den älteren Menschen Vereinsleben, Dorffeste u.ä. fehlen. Insgesamt habe ich den Eindruck, dass das nicht zu mehr Offenheit führt. Im Gegenteil, die meisten Leute haben sich irgendwie zurückgezogen. Ich treffe im Dorf weniger Leute auf der Straße als zuvor. Ja, im Moment ist mein Eindruck wirklich eher, dass die Pandemie den Zusammenhalt gefährdet, da sie eben diese ganzen alltäglichen Kontakte reduziert.«

Vergleichbar mit den Sozialen Orten im Landkreis Saalfeld-Rudolstadt sehen die Befragten im hessischen Landkreis mit gemischten Gefühlen auf die Zukunft ihrer Sozialen Orte und den gesellschaftlichen Zusammenhalt. Einerseits wird befürchtet, dass sich das soziale Leben »nach Corona« verändern wird, dass nicht bruchlos an die sozialen Aktivitäten angeknüpft werden kann und dass sich folglich viele zurückziehen werden und deshalb der gesellschaftliche Zusammenhalt leiden wird. Andererseits hoffen viele auf einen Belebungseffekt, der auch mit einer Konzentration auf die Stärken lokalen Engagements einhergeht.

---

das Ruder herumreißt, um die gesellschaftliche Herausforderungen wie den Klimawandel, die Energie- und Ernährungsfrage, den sozialen Zusammenhalt oder räumliche wie gesellschaftliche Ungleichheiten in Angriff zu nehmen, sondern die selbst aktiv werden, mit ihren eigenen Ressourcen, ihrem eigenen Freundeskreis, ihren eigenen Bündnissen und zwar ganz konkret und vor Ort.« Brückner, Instrumente der räumlichen Planung, S. 6. Zu den »Neulandgewinnern« – vgl. Frech/Scurell/Willisch, Neuland gewinnen.

4.4 Lokale Herausforderungen – Regionale Lösungen

Was macht in den vorgestellten Fallstudien aus Hessen und Thüringen nun Soziale Orte aus? Wo liegen die Gemeinsamkeiten trotz aller Unterschiede?

Allen Fallbeispielen ist gemeinsam, dass sie versuchen, lokale Antworten auf gesamtgesellschaftliche Herausforderungen zu finden. Dabei setzten sie sich bewusst mit den Themenfeldern Demografie, Demokratie und Infrastrukturabbau auseinander. Auch wenn die Lösungswege, Projekte und Prozesse je nach Gemeinde ganz anders verlaufen, so geht es immer um den Erhalt der Lebensqualität vor Ort sowie um Fragen des Zusammenhalts und der Teilhabe aller Bürgerinnen und Bürger. Kennzeichnend für die Projekte und die Arbeiten der Netzwerke ist der Versuch, bereits in der Konzeptplanung Bürgerinnen und Bürger vor Ort einzubinden und regelmäßig über den Stand zu informieren, regionale Partnerschaften zu identifizieren und zu schließen. Zugleich wird überregionale Expertise eingeholt. Dabei ist es gar nicht entscheidend, ob es sich eher um einen Top-down-Prozess handelt, den etwa Verwaltung oder Bürgermeister angestoßen haben; oder ob die Idee eher Bottom-up durch einzelne Aktive entstanden ist, wie etwa in Dalwigksthal und Strohte oder bei »Neue Nachbarn Rudolstadt«. Ebenfalls sticht die vielfache Einbindung regionsübergreifender Institutionen hervor (z. B. LEADER-Management), die Verbindungen herstellen und auf diese Weise vermeiden können, dass in der Region aneinander vorbei gearbeitet wird. Planerische Ideen und Ergebnisse dieser Akteursnetzwerke werden bereits in den Landkreisverwaltungen und in die örtlichen Pläne aufgenommen und umgesetzt. So agieren die Sozialen Orte vordergründig zwar lokal, denken und wirken jedoch weit über den Einzelfall vor Ort hinaus. Denn in den Projekten und Prozessen wird nicht ausschließlich der Ort, sondern die Gesamtregion in den Blick genommen und so das regionale »Wir-Gefühl« gestärkt. Die von der »Zukunftswerkstatt Schwarzatal« jährlich durchgeführten Aktivitäten wie die »Schwarzburger Gespräche« und der »Tag der Sommerfrische« sind überregional bekannt. Ein besonderes Qualitätsmerkmal der ausgewählten Sozialen Orte ist es zudem, sich einerseits an demografisch bedingte Beeinträchtigungen und Störungen ihres sozialräumlichen Zusammenhalts anpassen zu können. Andererseits funktionieren diese Sozialen Orte als »selbstlernende Systeme«, indem sie Erfahrungen für die eigene Weiterentwicklung konstruktiv nutzen und neue Themenfelder erschließen.[28] Genau das passiert etwa in Rudolstadt, wo die Stadtbegrünungsaktivitäten nun immer weitere Kreise in Richtung Stadtteilfesten, aber auch Natur- und Denkmalschutz ziehen. Diemelstadt ist ebenfalls ein Beispiel dafür, dass die Verwaltung rund um einen sehr aktiven Bürgermeister immer wieder neue Problemfelder angeht und sich in der Zivilgesellschaft, aber auch in der Privatwirtschaft Kooperationspartnerinnen und Kooperationspartner sucht. Besonders wichtig ist dabei, dass es verlässliche Ansprechpartner und Ansprechpartnerinnen im Projekt und in der Verwaltung gibt, die eine dauerhafte Begleitung der Projekte, Prozesse und Kontinuität gewährleisten, wie beispielsweise mit der »Zukunftswerkstatt Schwarzatal« oder der »Zukunftswerkstatt Diemelstadt«. Ein Befragter bringt es auf den Punkt:

> »Es braucht Ansprechpartner, es braucht Kontaktpersonen, und es muss auch ein niedrigschwelliges Angebot geben. Ohne geht's nicht, also Ehrenamt kann sich von alleine nicht entwickeln. Es muss aber jemanden geben, der die ganzen Fäden zusammenbringt und auch so ein Stück weit organisatorisch was anbietet und auch so ein paar Rahmenbedingungen liefert, weil sonst verläuft sich das.« (Interview Landkreis Waldeck-Frankenberg)

Auch die staatliche Verantwortungsübernahme in Form von der Bereitstellung notwendiger Infrastrukturen ist voraussetzungsvoll, um Handlungsmöglichkeiten für (ehrenamtliche) Tätigkeiten zu ermöglichen. Darauf weist ein weiterer Interviewpartner hin, der das Dilemma der zivilgesellschaftlichen Akteure im Schwarzatal beschreibt: Es resultiere daraus, dass der Ausbau notwendiger regionaler Grundinvestitionen jenseits ihrer eigenen Handlungsmöglichkeiten liege und man deswegen gegenüber dem Staat schnell in eine »Bittsteller«-Rolle gerate:

> Ein neuer »Schub« für das Schwarzatal »kann nur erfolgen, wenn dieses schnelle Internet, weil viele kommen, die sagen, jaja, wir könnten ja von hier aus arbeiten, aber wir müssen schnelles Internet haben. Das sind solche Grundinvestitionen, die natürlich durch uns gefordert werden, aber nicht von uns gefördert werden können. Wir können nicht Straßen bauen und solche Netzgeschichten machen, das geht dann schon bis ins Land

28 Dass das Vorgehen der untersuchten Sozialen Orte nicht etwa beliebig oder zufällig ist, sondern durchaus vergleichbar mit anderen innovativen Projekten ist, zeigt das Gutachten von Brückner – vgl. Brückner, Instrumente der räumlichen Planung, S. 7.

> rein. […] Aber wenn die Vereine in der Klemme stecken, wenn sie an Punkte kommen, die über das reine Ehrenamt nicht mehr zu bewältigen sind, sondern wirklich Förderung in irgendeiner Form brauchen, dann sind sie Bittsteller. Sie sind nicht Partner. Sie sind Bittsteller. Und da muss eben noch dran gearbeitet werden.« (Interview Saalfeld-Rudolstadt)

4.5 Soziale Orte als Kooperationszusammenhang

Soziale Orte sind Orte der Begegnung und der Kommunikation, öffentlich nutzbarer Raum, aber auch Diskursraum und Konfliktfeld. Menschen begegnen sich hier nicht nur zwanglos, sondern werden gemeinsam aktiv, gestalten ihre Umwelt und schaffen Zusammenhalt. An allen vorgestellten Sozialen Orten haben sich Akteursnetzwerke entwickelt, die weit über das klassische Ehrenamt oder bürgerschaftliche Engagement hinausgehen.[29] Ein Teil des Erfolges in den Landkreisen besteht sicher darin, dass die Akteurinnen und Akteure aus Verwaltung, Zivilgesellschaft, Kirche und – noch zögerlich – aus der Privatwirtschaft oder kommunalen Unternehmen gut vernetzt sind und zumeist kooperativ agieren. Diese Idee und Vernetzung wird nicht selten von einzelnen Personen (beispielsweise Fachdienstleiter für Dorf- und Regionalentwicklung, Bürgermeisterin oder Bürgermeister, Stadtverwaltung), aber auch von Gruppen angestoßen (»Solidarische Landwirtschaft Falkenhof Strothe«). Diese hochmotivierten Schlüsselpersonen stellen zumeist den inneren Kreis der Initiative.

> »Vor allem sind es dann diese typischen fünf Leute, die im Grunde nichts Anderes tun, als sich da zu engagieren und die halten das am Ende zusammen. Wenn die wegbrechen würden, oder wenn da zwei von fünf wegbrechen würden, wäre Land unter.« (Interview Saalfeld-Rudolstadt)

Zu ihnen gesellt sich dann ein erweiterter Kreis von engagierten Mitstreiterinnen und Mitstreitern, die vielfältige Kompetenzen haben und sich, mit un-

29 Schubert kommt in seiner Dissertation »Lokalpolitik, Verwaltung und Zivilgesellschaft in schrumpfenden ländlichen Gemeinden« ebenfalls zu dem Ergebnis, dass Kommunalpolitik und traditionelle zivilgesellschaftliche Strukturen wie Vereine eher innerhalb konventioneller Bahnen versuchen auf den demografischen Wandel im ländlichen Raum zu reagieren, innovative Ideen und lokale Lösungen stoßen hingegen eher unkonventionelle Akteursgruppen an.

terschiedlicher zeitlicher wie praktischer Intensität, ehrenamtlich einbringen (beispielsweise Arbeitskreise, Workshops). Den größten Akteurskreis bilden die Sympathisanten und Unterstützerinnen (vgl. Abbildung 6), die sich punktuell an Projekten beteiligen, aber vornehmlich mit Geld- oder Sachspenden in Erscheinung treten (beispielsweise Arbeitseinsätze, Stadtteilfeste).[30] Eine solche funktionale Rollendifferenzierung fördert die personelle Stabilität im organisatorischen Kern der Initiative. Sie ermöglicht auch die notwendige Fluktuation und Flexibilität unter den Beteiligten. Darüber hinaus bietet diese funktionale Rollendifferenzierung aber auch eine niederschwellige Öffnung nach außen: gegenüber neuen Mitwirkenden, Kooperationen und Ideen.

Abbildung 6: Struktur konzentrischer Akteurskreise

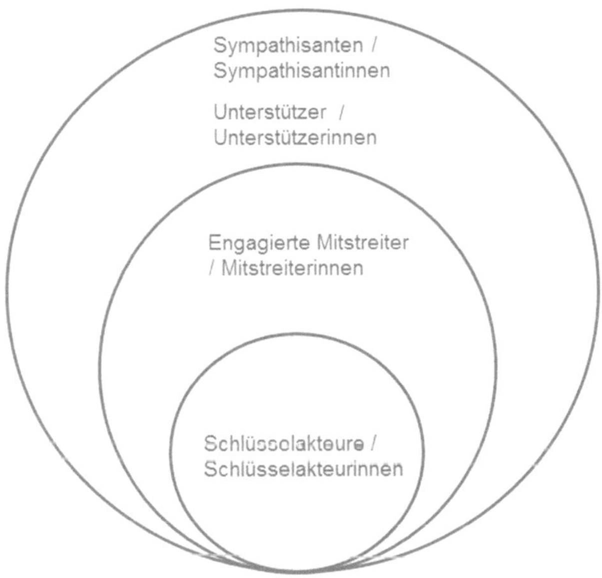

Quelle: Eigene Darstellung.

30 Vgl. zu ähnlichen Ergebnissen Christmann, Soziale Innovationen.

Zugleich kommen den einzelnen Beteiligten unterschiedliche Rollen zu, wie Raum- und Ressourcengeberin und -geber, Motivatorin oder Promotor. Mit Blick auf die Akteure aus Verwaltung, Zivilgesellschaft und Privat- oder Kommunalwirtschaft lässt sich eine doppelte Akteurs-Trias entwickeln, die nicht nur die beteiligten Sektoren, sondern auch die ihnen zugedachten Rollen widerspiegelt (vgl. Abbildung 7).[31]

Abbildung 7: Die doppelte Akteurs-Trias Sozialer Orte

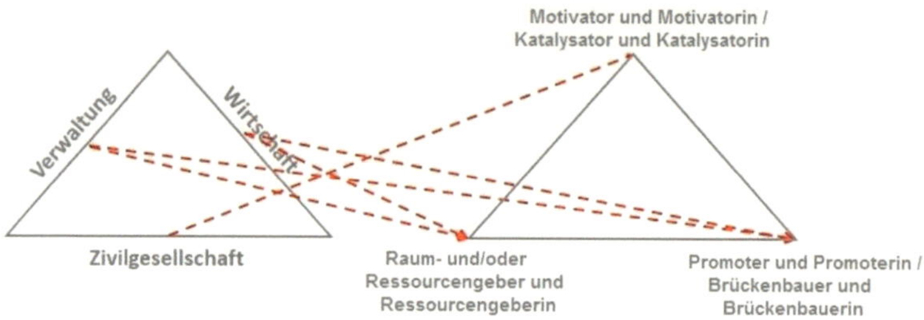

Quelle: Eigene Darstellung.

Die *Zivilgesellschaft* – also Einzelpersonen oder Initiativen, Vereine, Verbände, Stiftungen oder Kirchen – liefert häufig die Idee für eine Aktion oder ein Projekt. Sie bringt Interessierte zusammen. Diese zentralen Akteurinnen und Akteure halten alle Beteiligten zusammen. Sie bleiben »am Ball« und übernehmen so die Aufgaben von Motivatoren und Motivatorinnen oder Katalysatoren. Wenngleich die Ideen – wie wir gesehen haben – durchaus auch aus der Verwaltung kommen, so kommt der *Kommunalverwaltung* als regulierendem, ermöglichendem Akteur meist die Rolle des Raum- und Ressourcengebers zu. So spendierte beispielsweise die EGF EnergieGesellschaft Frankenberg mbH in Rengershausen die erste Füllung für das Freibad, die Gemeinde Diemelstadt stellte Räume für das gemeinsame Kochen mit Geflüchteten, und Unternehmen schenken Holz vom Bauhof, für den Budenbau der Kinder im Quartier.

> »Wir stellen Ressourcen zur Verfügung, brauchen aber die Gesellschaft. Und wenn ihr als Gesellschaft nicht mitmacht, du als Unternehmer, du als Wohnungsbesitzer, du als Kreistagsabgeordneter, oder als Pfarrerin, wenn

31 Vgl. Neu, Akteure, S. 20.

ihr nicht mitmacht, dann kann es nicht gelingen.« (Interview Waldeck-Frankenberg)

Im Bereich Kommunikation nach außen gibt es zum einen die Rolle des »Brückenbauers«, der eine Vermittlungsfunktion zwischen den Institutionen der öffentlichen Hand und der Regionalplanung einerseits sowie den freiwillig Engagierten und der Bürgerschaft andererseits entfaltet. Genau wie die Rolle des Promotors, der die Idee des Sozialen Ortes durch Öffentlichkeitsarbeit nach außen trägt und damit vervielfachen kann, übernimmt dies regelmäßig die Bürgermeisterin oder der Bürgermeister, in kleineren Ortsteilen auch die Ortsvorsteherin oder der Ortsvorsteher, manchmal aber auch eine besonders profilierte Person aus der Zivilgesellschaft. Bei dieser Rollenzuschreibung werden aber häufig diejenigen privaten und öffentlichen *Unternehmen* vergessen, die ihren Fokus immer mehr auf lokales Engagement legen und sich durchaus auch in der Lage und in der Pflicht sehen, Räume oder Ressourcen zur Verfügung zu stellen, die Öffentlichkeitsarbeit für Soziale Orte zu übernehmen und damit nachhaltig zu deren Vernetzung beizutragen. Die wirtschaftlichen Entwicklungspotenziale liegen nicht »nur« im Erhalt und in der Schaffung von Arbeitsplätzen und Konsummöglichkeiten. Unternehmen profitieren von einer funktionierenden technischen Infrastruktur, von einem leistungsfähigen Bildungs- und Sozialsystem und weiteren öffentlichen Gütern. Hier können und wollen sie etwas zurückgeben. Deshalb sollten sie auch aktiv in die Entwicklung von Konzepten der (trans)regionalen Daseinsvorsorge einbezogen werden.

4.6 Entwicklung und Konsolidierung

Was lässt sich daraus nun für die Entwicklung und Konsolidierung Sozialer Orte sowie für deren nachhaltigen Fortbestand ableiten?[32]

Unsere Forschungen in lokalen Kontexten machen deutlich, dass eine Grundvoraussetzung für die Entfaltung Sozialer Orte – erstens – das Vorhandensein und Vorhalten daseinsvorsorgender Infrastrukturen und öffentlicher Institutionen ist, an denen sich Engagement überhaupt erst anlagern kann. Soziale Orte entwickeln sich nicht gegen oder ohne öffentliche Strukturen,

32 Vgl. hierzu und im Folgenden Kersten/Neu/Vogel, Gleichwertigkeit der Lebensverhältnisse, S. 10; dazu auch das Gutachten von Brückner, Instrumente der Planung.

sondern mit ihnen. Für die Initiierung und Stabilisierung Sozialer Orte sind – zweitens – engagierte und innovationsfähige Akteure und Akteurinnen erforderlich. Es braucht die »richtigen Leute am richtigen Ort«, diejenigen, die »am Ball bleiben«. Doch gerade hier gilt, dass sich ehrenamtliches Engagement nur dort entfaltet, wo es nicht schlicht als »Lückenbüßer« für den Ausfall staatlicher oder zivilgesellschaftlicher Infrastrukturen angesehen wird. Engagement ist auch eine Frage der Gegenseitigkeit, der Anerkennung auf Augenhöhe. Insofern ist die finanzielle Förderung des Ehrenamts wichtig, aber keineswegs der allein entscheidende Faktor. Darüber hinaus braucht es Wertschätzung und die nötigen Freiräume. Positiv wirkt hier – drittens – die Offenheit in der Verwaltung für partizipative Prozesse und innovative Kooperationen. Soziale Orte sind – viertens – nicht allein Projekte, sondern entwickeln sich zu nachhaltigen Prozessen, die sich verstetigen und auf diese Weise auch eine neue soziale Zukunft anbieten. Soziale Orte sind also kein befristeter Fördergegenstand, sondern gesellschaftliche Prozesse der Institutionenbildung mit einer in der Regel kommunalen Orientierung. Sie bilden den gesellschaftlichen Transmissionsriemen zwischen Nachbarschaft und Gesellschaft. Deshalb lässt sich gerade am Beispiel der Sozialen Orte sehr gut der notwendige Wandel der Förderpolitik weg von der Projekt- und hin zur Prozessförderung nach-, aber auch vorzeichnen. Schließlich benötigen Soziale Orte – fünftens – überregionale Aufmerksamkeit und Vernetzung, Einbindung und Anerkennung. Deshalb kommt es Sozialen Orten darauf an, soziale, ökonomische, kulturelle und politische Anknüpfungspunkte auch jenseits ihrer kommunalen oder regionalen Grenzen zu finden, um auf diese Weise einen Beitrag zur Gleichwertigkeit der Lebensverhältnisse zu leisten. Die Intensivanalyse ausgewählter Sozialer Orte der Landkreise Saalfeld-Rudolstadt und Waldeck-Frankenberg zeigt, dass diese voraussetzungsvollen Bedingungsfaktoren nicht alle zu jedem Zeitpunkt erfüllt sein müssen. Ein Vorhaben hat ebenfalls Chancen, wenn es den ein oder anderen Faktor nicht erfüllt, selbst wenn dies den Prozess vielleicht ein wenig schwieriger gestaltet. Wichtiger als zu warten, bis alle Bedingungen erfüllt sind, ist jedoch zu beginnen. Die fehlenden Faktoren und Partnerinnen bzw. Partner können sich auch auf dem Weg dazu gesellen! Man kann es mit Erich Kästner kurz und bündig auf den Punkt bringen: »Es gibt nichts Gutes / außer: Man tut es.«[33]

33 Kästner, Kurz und bündig, S. 39.

5. Die Verfassung des gesellschaftlichen Zusammenhalts

Die Sozialen Orte finden als ein zentraler Baustein der Politik des Zusammenhalts auch verfassungsrechtlichen Rückhalt in unser Verfassungsordnung: im Grundgesetz. Wenn wir uns also mit der neuen Relevanz Sozialer Orte in den Zeiten des demografischen und (post-)pandemischen Wandels auseinandersetzen, können wir uns auch der verfassungsrechtlichen Grundlagen gesellschaftlichen Zusammenhalts vergewissern. Dies ist umso notwendiger, als dem Grundgesetz der Ruf vorauseilt, im Gegensatz zur Weimarer Reichsverfassung eine freiheitsrechtliche Verfassung zu sein, die sich mit sozialpolitischen Regelungen zurückhält. Doch dies ist nicht der Fall: Das Grundgesetz ist (auch) eine Verfassung des gesellschaftlichen Zusammenhalts. Es erwartet nicht nur von den Bürgerinnen und Bürgern, von Zivilgesellschaft und Wirtschaft und vor allem von Bund, Ländern und Gemeinden, dass sie den gesellschaftlichen Zusammenhalt sozial und demokratisch gestalten; und gerade dafür unterbreitet das Grundgesetz auch einen politischen Handlungsrahmen, dessen Vorgaben sich alle gesellschaftlichen und staatlichen Akteure immer wieder bewusst machen müssen. Zugleich sind es diese verfassungsrechtlichen Vorgaben des Grundgesetzes, die die normative Kontur des Soziale-Orte-Konzepts maßgeblich bestimmen.

Die Weimarer Reichsverfassung von 1919 war die erste demokratische Verfassung in Deutschland. Als demokratische Verfassung nahm sie sich auch der sozialen Frage an, indem sie insbesondere das Gemeinschafts- und das Wirtschaftsleben regelte: Arbeits- und Gesundheitsschutz, Tarifautonomie und Mitbestimmung, Gewährleistung von Bildung und Schutz der Familie.[1] In ihrem Art. 151 Abs. 1 fasste die Weimarer Reichsverfassung ihr sozialpolitisches Programm zusammen:

1 Vgl. Gusy, Die Weimarer Reichsverfassung, S. 342ff.

> »Die Ordnung des Wirtschaftslebens muß den Grundsätzen der Gerechtigkeit mit dem Ziele der Gewährleistung eines menschenwürdigen Daseins für alle entsprechen. In diesen Grenzen ist die wirtschaftliche Freiheit des Einzelnen zu sichern.«

Im Grundgesetz, das 1949 in Kraft trat, suchen wir solche Sätze vergebens. Sie finden sich noch in den Landesverfassungen, die zwischen 1945 und 1949 ausgearbeitet und erlassen wurden. In diesen wirken die Regelungen der Weimarer Reichsverfassung noch nach. Doch auch wenn das Grundgesetz auf sozialpolitische Programmsätze verzichtet: Unsere Verfassung enthält mit den Freiheitsrechten (5.1) und den Gleichheitsgarantien (5.2), mit der Gewährleistung der kommunalen Selbstverwaltung (5.3) und flächendeckenden Infrastrukturen (5.4), der Gleichwertigkeit der Lebensverhältnisse (5.5) und dem Sozialstaatsprinzip (5.6) Regelungen, die den gesellschaftlichen Zusammenhalt einfordern. Deshalb erwartet das Grundgesetz, dass wir den gesellschaftlichen Zusammenhalt der Bundesrepublik demokratisch gestalten (5.7).[2]

5.1 Freiheitsrechte

Die Grundrechte fördern zunächst als Freiheitsrechte den gesellschaftlichen Zusammenhalt, indem sie drei freiheitssichernde Dimensionen entfalten: Sie sind individuelle Freiheitsgarantien, begründen staatliche Schutzpflichten und gewährleisten soziale Teilhabeansprüche der Bürgerinnen und Bürger.

5.1.1 Individuelle und kollektive Freiheitsrechte

Erstens bilden die Grundrechte als individuelle Freiheitsgarantien die Grundlage für den gesellschaftlichen Zusammenhalt. Dies mag auf den ersten Blick überraschend erscheinen. Vor allem die Berufsfreiheit (Art. 12 Abs. 1 GG) und die Eigentumsgarantie (Art. 14 Abs. 1 GG) schützen die berufliche Selbstverwirklichung und das individuelle Gewinnstreben der Bürgerinnen und Bürger, die zu sozialer Ungleichheit führen. Doch dabei darf allerdings nicht übersehen werden, dass das Grundgesetz beispielsweise die Eigentumsgarantie als ein individuelles Recht mit einer sozialen Funktion ausgestaltet;

2 Vgl. hierzu und zum Folgenden Kersten/Neu/Vogel, Das Soziale-Orte-Konzept, S. 50ff.; dies., Demografie und Demokratie, S. 17ff.; dies., Politik des Zusammenhalts, S. 12ff.

so heißt es in Art. 14 Abs. 2 GG ausdrücklich: Eigentum verpflichtet. Sein Gebrauch soll *zugleich* dem Wohle der Allgemeinheit dienen. Insofern ist dem Eigentum – wie allen Grundrechten – neben der Garantie individueller Freiheit eine soziale Funktion eingeschrieben, die auf die Gewährleistung des gesellschaftlichen Zusammenhalts und des Allgemeinwohls zielt. Der demokratische Gesetzgeber kann diese Funktion im Fall des Eigentums als Inhalts- und Schrankenbestimmung aktivieren und ausgestalten (Art. 14 Abs. 1 Satz 2 GG). So ermöglichen individuelle Freiheitsrechte den Bürgerinnen und Bürgern, gemeinsam zu handeln und auf diese Weise den gesellschaftlichen Zusammenhalt zu begründen und zu gestalten. Dabei schützen die Grund- als Freiheitsrechte nicht nur das individuelle, sondern auch das kollektive Engagement: von der punktuellen Kooperation der Bürgerinnen und Bürger bis hin zur Gründung juristischer Personen, die sich selbst auf Freiheitsrechte berufen können (Art. 19 Abs. 3 GG). Diese kollektive Dimension der Grundrechte ist beispielsweise für die Religions- (Art. 4 Abs. 1 und Abs. 2 GG), Kommunikations- (Art. 5 Abs. 1 GG), Vereinigungs- (Art. 9 Abs. 1 GG) und Wirtschaftsfreiheit (Art. 12 Abs. 1, Art. 14 Abs. 1 GG) sowie die Tarifautonomie (Art. 9 Abs. 3 GG) anerkannt.[3] Auf dieser verfassungsrechtlichen Grundlage engagieren sich die Bürgerinnen und Bürger für den gesellschaftlichen Zusammenhalt auf lokaler und regionaler sowie auf Landes- und Bundesebene. So sind soziale und kulturelle Vereine, Religionsgemeinschaften und Kirchen in Gemeinden, aber ebenfalls flächendeckend aktiv. Sie fördern so den gesellschaftlichen Zusammenhalt nicht nur vor Ort, sondern gerade auch in der Vernetzung von und zwischen Orten. Auf der Grundlage der Tarifautonomie regeln die Sozialpartner die Arbeits- und Wirtschaftsbedingungen und tragen damit zugleich gesellschaftliche Verantwortung für die Gestaltung des gesellschaftlichen Zusammenhalts der gesamten Bundesrepublik. Wirtschaftsunternehmen sind heute aus der Gewährleistung von Infrastrukturen und Daseinsvorsorge überhaupt nicht mehr wegzudenken. Sie garantieren auf der Grundlage wirtschaftlicher Freiheitsrechte und staatlicher Regulierung beispielsweise Infrastrukturen, Daseinsvorsorge und öffentliche Güter in den Bereichen Energie, Kommunikation und Mobilität.

3 Vgl. Papier/Krönke, Grundkurs Öffentliches Rechts 2, Rn. 241, 344, 348, 377.

5.1.2 Staatliche Schutzpflichten

Zweitens stärken die Grundrechte als staatliche Schutzpflichten den gesellschaftlichen Zusammenhalt. Das Grundgesetz verpflichtet den Staat, die Freiheitsrechte der Bürgerinnen und Bürger nicht nur als Abwehrrechte zu respektieren, sondern diese auch zu fördern und zu schützen. Das Bundesverfassungsgericht hat aus den Grundrechten auch »soziale Schutzpflichten«[4] abgeleitet.[5] Es ist die Aufgabe des demokratisch legitimierten Gesetzgebers, diese Schutzpflichten rechtlich auszugestalten. Dabei kommt der Legislative ein weiter Einschätzungs-, Wertungs- und Gestaltungsspielraum zu, der durch das Untermaßverbot begrenzt wird. Dieses Untermaßverbot wird allerdings erst dann verletzt, wenn der Staat

> »Schutzvorkehrungen entweder überhaupt nicht getroffen hat oder die getroffenen Regelungen und Maßnahmen gänzlich ungeeignet oder völlig unzulänglich sind, das gebotene Schutzziel zu erreichen, oder erheblich dahinter zurückbleiben.«[6]

Für die abwägende Beantwortung der Frage, ob der Staat seine Schutzpflicht verletzt, kommt es – neben der Struktur und Entwicklung des einschlägigen Regelungsbereichs – in erster Linie auf die Bedeutung der zu schützenden Grundrechte für die Bürgerinnen und Bürger in unserem Gemeinwesen an.[7] Hinsichtlich der Gewährleistung des gesellschaftlichen Zusammenhalts an Orten, die ganz besonders unter territorialer Ungleichheit leiden, treffen den Staat umfangreiche Schutzpflichten, damit sich die Bürgerinnen und Bürger auch hier frei entfalten können:[8] So sind etwa Mobilität (Art. 2 Abs. 1 GG), Gesundheit und Pflege (Art. 2 Abs. 2 Satz 1 GG), Kommunikation (Art. 5 Abs. 1 GG), Familie (Art. 6 Abs. 1 GG), Schule und Bildung (Art. 7 Abs. 1 GG) sowie die wirtschaftliche Tätigkeit (Art. 12 Abs. 1, Art. 14 Abs. 1 GG) von der staatlichen Gewährleistung von Daseinsvorsorge, Infrastrukturen und öffentlichen

---

4 Voßkuhle, Der Sozialstaat in der Rechtsprechung des Bundesverfassungsgerichts, S. 184.

5 Vgl. BVerfGE 33, 303 (329ff.) – Numerus Clausus I; BVerfGE 39, 258 (269ff.) – Kapazitätsausnutzung; BVerfGE 39, 276 (293f.) – ZVS; BVerfGE 43, 291 (313ff.) – Numerus Clausus II; hierzu Voßkuhle, Der Sozialstaat in der Rechtsprechung des Bundesverfassungsgerichts, S. 184.

6 BVerfGE 92, 26 (46) – Zweitregister.

7 Vgl. BVerfGE 88, 203 (262) – Schwangerschaftsabbruch II.

8 Vgl. Böhnke/Kersten/Klenk/Neu/Vogel, Der Wert der öffentlichen Güter, S. 22ff.

Gütern abhängig; und dies nicht nur vor Ort, sondern auch in der flächendeckenden Vernetzung. Ganz in diesem Sinn hat beispielsweise das Bundesverfassungsgericht in Anknüpfung an das Grundrecht auf Leben und körperliche Unversehrtheit (Art. 2 Abs. 2 Satz 1 GG) wiederholt festgehalten, dass die Gesundheitsversorgung der Bevölkerung ein wichtiges Gemeinschaftsgut darstellt[9] und der Staat deshalb ein funktionierendes, flächendeckendes Gesundheitssystem garantieren muss.[10]

5.1.3 Teilhabeansprüche

Drittens sind die Grundrechte als Teilhabeansprüche für die Gewährleistung des gesellschaftlichen Zusammenhalts von zentraler Bedeutung. Dabei gilt es verfassungsrechtlich, zwischen originären und derivativen Teilhaberechten zu unterscheiden.[11]

Die originären Teilhabeansprüche sind Leistungsrechte, die unmittelbar auf die Grundrechte gestützt werden können. Allerdings ist das Bundesverfassungsgericht sehr zurückhaltend, was die Anerkennung verfassungsunmittelbarer Leistungsrechte angeht. Denn die Entscheidung über staatliche Leistungen obliegt aus Gründen der demokratischen Gewaltenteilung nicht der Rechtsprechung, sondern dem Gesetzgeber (Art. 20 Abs. 3 GG). Ungeachtet dessen hat aber das Bundesverfassungsgericht einen Leistungsanspruch auf ein Existenzminimum aus der Menschenwürdegarantie (Art. 1 Abs. 1 GG) in Verbindung mit dem Sozialstaatsprinzip (Art. 20 Abs. 1 GG) hergeleitet,[12]

> das »sowohl die physische Existenz des Menschen, also Nahrung, Kleidung, Hausrat, Unterkunft, Heizung, Hygiene und Gesundheit, als auch die Sicherung der Möglichkeit zur Pflege zwischenmenschlicher Beziehungen und zu einem Mindestmaß an Teilhabe am gesellschaftlichen, kulturellen und po-

---

9 Vgl. BVerfGE 78, 179 (192) – Heilpraktikergesetz; BVerfGE 103, 172 (184) – Altersgrenze für Kassenärzte; BVerfG, Deutsches Verwaltungsblatt 2001, S. 400 (401).

10 Vgl. BVerfG, Deutsches Verwaltungsblatt 2004, S. 1161 (1162).

11 Vgl. hierzu und zum Folgenden Hufen, Staatsrecht II, § 5, Rn. 10; Papier/Krönke, Grundkurs Öffentliches Rechts 2, Rn. 38ff.

12 Vgl. für das wirtschaftliche Existenzminimum BVerfGE 125, 175 (222ff.) Hartz IV; BVerfGE 132, 134 (159ff.) – Asylbewerberleistungsgesetz; BVerfGE 137, 34 (72ff.) – Existenzsichernder Regelbedarf; ferner für das gesundheitlich-medizinische Existenzminimum BVerfGE 115, 24 (41ff.) – Gesetzliche Krankenversicherung.

> litischen Leben umfasst, denn der Mensch als Person existiert notwendig in sozialen Bezügen.«[13]

Die derivativen Teilhaberechte vermitteln den Bürgerinnen und Bürgern das Recht, an bestehenden sozialen Leistungen und staatlichen Einrichtungen zu partizipieren. Es geht ihnen darum, eine chancengleiche Freiheitsverwirklichung der Bürgerinnen und Bürger zu sichern. Der klassische Anwendungsfall derivativer Teilhaberechte ist der Zugang zu Bildungseinrichtungen und insbesondere Universitäten.[14] Der verfassungsrechtliche Anspruch, an bestehenden staatlichen Leistungen und staatlichen Einrichtungen teilzuhaben, wird von der Rechtsprechung auf das entsprechende Freiheitsrecht in Verbindung mit dem Allgemeinen Gleichheitssatz (Art. 3 Abs. 1 GG) und dem Sozialstaatsprinzip (Art. 20 Abs. 1 GG) gestützt;[15] so beispielsweise für die Teilhabe an bestehenden Bildungseinrichtungen auf die Berufsfreiheit (Art. 12 Abs. 1 GG) in Verbindung mit dem Allgemeinen Gleichheitssatz und dem Sozialstaatsprinzip.[16]

Bisher haben derivative Teilhabeansprüche vor allem im Bildungs- und Hochschulwesen praktische Anerkennung gefunden.[17] Doch aufgrund der Zunahme der territorialen Spaltung der Bundesrepublik, die sich in einem zunehmenden Rückbau öffentlicher Güter, staatlicher Leistungen und Institutionen niederschlägt, steht den Bürgerinnen und Bürger mit den derivativen Teilhabeansprüchen ein freiheitsrechtliches Instrumentarium zur Verfügung, um die Gleichheit von Lebenschancen verfassungsrechtlich einzufordern. Dies gilt umso mehr, als sich derivative Teilhabeansprüche dann in originäre Teilhabeansprüche und damit verfassungsunmittelbare Leistungsrechte wandeln können, wenn es zu einer evidenten Unterversorgung oder einem vollkommenen Ausfall der entsprechenden öffentlichen

13 BVerfGE 125, 175 (223) – Hartz IV; vgl. ferner BVerfGE 132, 134 (160) – Asylbewerberleistungsgesetz.

14 Vgl. BVerfGE 33, 303 (329ff.) – Numerus Clausus I; BVerfGE 43, 291 (313ff.) – Numerus Clausus II.

15 Vgl. Hufen, Staatsrecht II, § 5, Rn. 10; Papier/Krönke, Grundkurs Öffentliches Rechts 2, Rn. 40.

16 Vgl. BVerfGE 112, 226 (245) – Studiengebühren; BVerfGE 134, 1 (14) – Studiengebühren Bremen.

17 Vgl. Hufen, Staatsrecht II, § 5, Rn. 10; Papier/Krönke, Grundkurs Öffentliches Rechts 2, Rn. 40.

Güter, staatlichen Leistungen oder Institutionen kommt. Sollten Bürgerinnen und Bürger entsprechende Leistungsrechte mit Blick auf die an sich im Bundesgebiet gewährleisteten Einrichtungen der Daseinsvorsorge, Infrastrukturen und öffentlichen Güter geltend machen, die ihnen aufgrund von territorialer Ungleichheit aber nicht oder nicht in angemessenem Maß zu Verfügung stehen, wird zwar kein Gericht der Legislative und Exekutive vorschreiben, wie der Leistungsanspruch zu verwirklichen ist. Dem Gesetzgeber und der Verwaltung werden auch in diesen zugespitzten Fällen territorialer Ungleichheit noch Einschätzungs-, Wertungs- und Gestaltungsspielräume zustehen, wie ausgefallene staatliche Leistungen zu gewähren oder die vernachlässigten öffentlichen Güter zu garantieren sind. Doch die Gerichte können in diesen Fällen feststellen, dass der grundrechtliche Teilhabeanspruch verletzt wurde und vor allem dem Gesetzgeber aufgeben, Abhilfe zu schaffen. Insofern weisen die zu originären Leistungsrechten erstarkten derivativen Teilhabeansprüche eine strukturelle Verwandtschaft mit dem Untermaßverbot der grundrechtlichen Schutzpflichten auf. Doch sie fügen den allein auf die Freiheitsverwirklichung fokussierenden Schutzpflichten in den Zeiten territorialer Ungleichheit noch eine ganz entscheidende weitere verfassungsrechtliche Komponente hinzu: das Argument der Gleichheit.

5.2 Gleichheitsgarantien

Auch die Gleichheitsgarantien des Grundgesetzes wenden sich gegen die soziale und territoriale Spaltung der Gesellschaft und stärken auf diese Weise den gesellschaftlichen Zusammenhalt. Dies gilt sowohl für den Allgemeinen Gleichheitssatz als auch für die Diskriminierungsverbote.

5.2.1 Allgemeiner Gleichheitssatz

Der Allgemeine Gleichheitssatz fördert den gesellschaftlichen Zusammenhalt: Alle Menschen sind vor dem Gesetz gleich (Art. 3 Abs. 1 GG). Angesichts der territorialen Spaltung der Bundesrepublik entfaltet der Allgemeine Gleichheitssatz insbesondere zwei Wirkungen. Die erste Wirkung ist bereits im Rahmen der derivativen Teilhaberechte deutlich geworden. Der Allgemeine Gleichheitssatz garantiert in Verbindung mit einem Freiheitsgrundrecht und dem Sozialstaatsprinzip den Bürgerinnen und Bürgern die gleiche Teilhabe an bestehenden öffentlichen Gütern sowie staatlichen Leistungen und Institutionen. Für den Fall einer vollkommen unangemessenen Gewährleistung oder eines schlichten Ausfalls der Versorgung kann sich dieser derivative Teilhabeanspruch in einen originären Teilhabeanspruch bzw. in ein verfassungsunmittelbares Leistungsrecht wandeln. Die zweite Wirkung, die der Allgemeine Gleichheitssatz mit Blick auf die territoriale Spaltung zeitigt, liegt in dem Verbot einer ungerechtfertigten Ungleichbehandlung, die eine unverhältnismäßige Verkürzung der Freiheitsrechte der Bürgerinnen und Bürger nach sich zieht.[18] Der Abbau und Rückbau von öffentlichen Gütern, staatlichen Leistungen und Institutionen betrifft das Leben der Bürgerinnen und Bürger sehr intensiv. Aus diesem Grund darf er nicht willkürlich, sondern nur aus sachlichen Gründen erfolgen. Das schlichte Argument der leeren Kassen genügt für sich genommen nicht, um öffentliche Güter oder staatliche Leistungen und Institutionen »zurückzubauen«. Vielmehr müssen solche Maßnahmen sachlich gerechtfertigt sein. Deshalb ist in diesen Fällen eine umfassende und verhältnismäßige Abwägung der betroffenen Interessen der Bürgerinnen und Bürger und des Gemeinwohls erforderlich. Dies schließt einen Abbau und Rückbau öffentlicher Güter sowie staatlicher Leistungen und Institutionen keineswegs kategorisch aus. Doch eine solche Reduzierung muss den Bürgerinnen und Bürgern gegenüber transparent gemacht und begründet werden, sodass diese sachlich nicht gerechtfertigte oder unverhältnismäßige Ungleichbehandlungen verfassungsrechtlich geltend machen können.

5.2.2 Diskriminierungsverbote

Die Diskriminierungsverbote gewinnen im Kontext zunehmender territorialer Ungleichheit eine vollkommen neue Bedeutung für die Gewährleistung des gesellschaftlichen Zusammenhalts unserer Gesellschaft. Die entscheidenden Fragen lauten: Wann schlägt territoriale Ungleichheit in eine Diskriminierung um? Wann muss in einem Großstadtviertel oder in einer ländlichen Gemeinde aufgrund des Verfalls oder Ausfalls von Daseinsvorsorge, Infrastrukturen, öffentlichen Gütern und damit auch Sozialen Orten von einer Diskriminierung deren Bürgerinnen und Bürger gesprochen werden?

Die Diskriminierungsverbote sind in Art. 3 Abs. 3 Satz 1 GG geregelt: Niemand darf wegen seines Geschlechts, seiner Abstammung, seiner Rasse, seiner Sprache, seiner Heimat und Herkunft, seines Glaubens, seiner religiösen

18 Vgl. BVerfGE 129, 46 (68) – Mediziner-BAföG; Papier/Krönke, Grundkurs Öffentliches Rechts 2, Rn. 219ff. m. w. N.

oder politischen Anschauungen benachteiligt oder bevorzugt werden. Auf den ersten Blick scheint Art. 3 Abs. 3 Satz 1 GG die zunehmende territoriale Ungleichheit in Deutschland nicht anzusprechen. Denn das Bundesverfassungsgericht »historisiert« die beiden Diskriminierungsmerkmale der Heimat und der Herkunft, die im vorliegenden Zusammenhang entscheidend sind. Doch wir sollten gerade angesichts der sozialen und territorialen Spaltung unserer Gesellschaft zu einem neuen Verständnis dieser beiden Verbote einer Diskriminierung aufgrund von Heimat und Herkunft finden.

Der Begriff der »Heimat« im Sinn des Art. 3 Abs. 3 Satz 1 GG bezieht sich nach der Karlsruher Rechtsprechung auf »die örtliche Beziehung zur Umwelt«[19]. Dabei soll der Heimatbegriff nicht schlicht an den Wohnsitz oder Aufenthalt von Bürgerinnen und Bürgern anknüpfen.[20] Dies wird selbst dann verneint, wenn die betroffenen Bürgerinnen und Bürger dauerhaft an einem Ort leben.[21] Nach Auffassung des Bundesverfassungsgerichts ist mit Heimat im Sinn des Art. 3 Abs. 3 Satz 1 GG

> »die örtliche Herkunft eines Menschen nach Geburt oder Ansässigkeit im Sinne der emotionalen Beziehung zu einem geographisch begrenzten, den Einzelnen mitprägenden Raum (Ort, Landschaft) gemeint.«[22]

Dieses Verständnis des Heimatbegriffs wird von der Rechtsprechung mit Verweis auf die historische Entstehung des Art. 3 Abs. 3 Satz 1 GG begründet: Dieses Diskriminierungsverbot sollte insbesondere die Vertriebenen und Geflüchteten nach dem Zweiten Weltkrieg schützen.[23]

Der Begriff der »Herkunft« im Sinn des Art. 3 Abs. 3 Satz 1 GG verfolgt nach der Auffassung des Bundesverfassungsgerichts das Ziel, diskriminierende Ungleichbehandlungen aufgrund der sozialen Herkunft zu verhindern.[24] In dieser Bedeutung entspricht der Begriff den Diskriminierungsverboten des Art. 21 Abs. 1 CGREU und Art. 14 EMRK, die ausdrücklich eine

---

19 BVerfGE 9, 124 (128) – Armenrecht.

20 Vgl. BVerfGE 92, 26 (50) – Zweitregister; BVerfGE 102, 41 (53f.) – Kriegsbeschädigtengrundrente.

21 Vgl. BVerfGE 92, 26 (50) – Zweitregister.

22 BVerfGE 102, 41 (53) – Kriegsbeschädigtengrundrente; vgl. ferner BVerfGE 107, 257 (269) – Beamtenbesoldung Ost II.

23 Vgl. BVerfGE 102, 41 (64f.) – Kriegsbeschädigtengrundrente; BVerfGE 107, 257 (269) – Beamtenbesoldung Ost II.

24 Vgl. BVerfGE 9, 124 (128) – Armenrecht.

diskriminierende Ungleichbehandlung aufgrund der sozialen Herkunft untersagen. Es soll – so das Bundesverfassungsgericht – wiederum mit Verweis auf die Entstehungsgeschichte des Art. 3 Abs. 3 Satz 1 GG eine Bevorrechtigung oder Benachteiligung eines Menschen wegen »seiner Zugehörigkeit zu einer sozialen Klasse«[25] verboten sein. Das Diskriminierungsverbot wendet sich also gegen die Ungleichbehandlung aufgrund der »sozial-standesmäßige[n] Verwurzelung«[26] von Menschen. Allerdings schränken die Karlsruher Richterinnen und Richter die Bedeutung auch dieses Diskriminierungsverbots aufgrund der sozialen Herkunft wiederum ein, wenn es sich allein auf die von den Vorfahren hergeleitete soziale Verwurzelung beziehen, nicht aber an die »in den eigenen Lebensumständen begründete Zugehörigkeit zu einer bestimmten sozialen Schicht«[27] anknüpfen soll. Aufgrund dieses vor allem historisch orientierten Verständnisses des Art. 3 Abs. 3 Satz 1 GG entwickeln die Verbote, Menschen aufgrund ihrer Heimat oder sozialen Herkunft zu diskriminieren, heute keine nennenswerte rechtspraktische Bedeutung.[28] In dieser historisch orientierten Auslegung sind die beiden Diskriminierungsverbote auch nicht in der Lage, die zunehmende territoriale Ungleichheit in der Bundesrepublik rechtlich zu thematisieren: Das Verbot, Menschen aufgrund ihrer Heimat zu diskriminieren, wird durch die territoriale Ungleichheit nicht betroffen. Insbesondere die De-Infrastrukturalisierung von Orten und Regionen tangiert nicht die emotionale Seite des Heimatbegriffs, die das Bundesverfassungsgericht historisch unterstreicht,[29] sondern die – wenn man so will – vollkommen emotionslose Seite des infrastrukturellen Maschinenraums eines Ortes, an dem Bürgerinnen und Bürger dauerhaft leben. Auch eine Diskriminierung aufgrund der sozialen Herkunft scheint nicht einschlägig zu sein, weil die territoriale Ungleichheit nicht die personelle, sondern die territoriale Dimension der sozialen Frage betrifft.

Angesichts der zunehmenden territorialen Ungleichheit in der Bundesrepublik kann es jedoch nicht bei diesem vor allem historisch orientierten Verständnis der Diskriminierungsverbote mit Blick auf Heimat und Herkunft bleiben. Das Grundgesetz muss sich auch in seiner Auslegung des

25 Vgl. BVerfGE 9, 124 (128f.) – Armenrecht, mit Verweis auf v. Doemming/Füsslein/Matz, Entstehungsgeschichte der Artikel des Grundgesetzes, S. 68.

26 BVerfGE 9, 124 (128 [Klammerzusatz durch die Verfasser]) – Armenrecht.

27 BVerfGE 9, 124 (129) – Armenrecht.

28 Vgl. Boysen, in: v. Münch/Kunig, GG, Art. 3, Rn. 180f.

29 Vgl. zu Recht kritisch Boysen, in: v. Münch/Kunig, GG, Art. 3, Rn. 180.

Art. 3 Abs. 3 Satz 1 GG neuen sozialen Herausforderungen stellen. Das Verbot, Menschen aufgrund ihrer Heimat oder Herkunft zu diskriminieren, sollte angesichts der zunehmenden sozialen und territorialen Ungleichheit neu interpretiert werden. Es ist an der Zeit, diese Verbote des Art. 3 Abs. 3 Satz 1 GG weniger historisch als vielmehr von ihrem verfassungsrechtlichen Zweck her zu verstehen. Das bedeutet, das Diskriminierungsmerkmal der Heimat – in begrifflicher Anknüpfung an die Rechtsprechung des Bundesverfassungsgerichts – als Verbot zu lesen, Menschen wegen ihrer Beziehung zu ihrer örtlichen Umwelt ungleich zu behandeln. Das Diskriminierungsverbot wegen der Herkunft untersagt diskriminierende Ungleichbehandlungen aufgrund der sozialen Lebensumstände. Angesichts der zunehmenden sozialen und territorialen Ungleichheit kommt es deshalb maßgeblich auf die Bestimmung an, wann örtliche oder soziale Lebensumstände eine diskriminierende Wirkung entfalten. Hier lässt sich jedoch in einer freien und marktwirtschaftlichen Gesellschaft wie der Bundesrepublik nicht auf ein statistisches Verständnis von Gleichheit abstellen, dessen Verletzung vom Staat schematisch zu kompensieren wäre.[30] Vielmehr ist im Fall des Diskriminierungsmerkmals der Heimat darauf abzustellen, wann die territoriale Ungleichheit ein solches Ausmaß erreicht, dass Menschen – beispielsweise in peripheren ländlichen Räumen – aufgrund des Verfalls oder Ausfalls der örtlichen Gewährleistung von Daseinsvorsorge, Infrastrukturen und öffentlichen Gütern vom gesellschaftlichen Zusammenleben in der Bundesrepublik de facto abgeschnitten werden. Hinsichtlich der sozialen Herkunft liegt eine Diskriminierung vor, wenn die territoriale Ungleichheit – etwa im Fall der Schulsituation in segregierten Stadtvierteln oder Bezirken[31] – zu einer neuen Form der sozialen Undurchlässigkeit unserer Gesellschaft führt.[32] In diesen Fällen ist der Verfassungsstaat verpflichtet, durch finanzielle, personelle und infrastrukturelle Leistungen und Förderung Abhilfe zu schaffen.[33] Dabei kommt wiederum dem Gesetzgeber und den Verwaltungen hinsichtlich

30 Vgl. BVerfGE 134, 1 (14) – Studiengebühren Bremen.

31 Vgl. Kersten, Segregation in der Schule, S. 50ff.; ders., Die Öffnung der Schulen zur Stadt, S. 84ff.

32 Vgl. grundsätzlich zur sozialen Durchlässigkeit Langenfeld, in: Dürig/Herzog/Scholz, GG, Art. 3 Abs. 3, Rn. 60.

33 Vgl. grundsätzlich zu den verfassungsrechtlichen Möglichkeiten und Schranken der Förderung Baer/Markard, in: v. Mangoldt/Klein/Starck, GG, Art. 3, Rn. 505.

der Mittel, mit denen sie der diskriminierenden Wirkung territorialer Ungleichheit begegnen wollen, ein weiter Einschätzungs-, Gestaltungs- und Wertungsspielraum zu, der durch das Untermaßverbot beschränkt wird.

5.3 Kommunale Selbstverwaltung

Das Grundgesetz formuliert hohe Erwartungen an den gesellschaftlichen Zusammenhalt von Dörfern und Städten. Dies ergibt sich aus Art. 28 Abs. 2 Satz 1 GG, der kommunale Selbstverwaltung verfassungsrechtlich gewährleistet: Den Gemeinden muss das Recht gewährleistet sein, alle Angelegenheiten der *örtlichen Gemeinschaft* im Rahmen der Gesetze in eigener Verantwortung zu regeln. Es ist die Aufgabe der Bürgerinnen und Bürger, diesen gesellschaftlichen Zusammenhalt der örtlichen Gemeinschaft selbst demokratisch zu leben, zu verwalten und zu gestalten. Dabei gehört insbesondere die Gewährleistung von Daseinsvorsorge, Infrastrukturen und öffentlichen Gütern zu den zentralen Angelegenheiten der örtlichen Gemeinschaft.[34]

Wie umfassend dieser kommunale Gestaltungsauftrag für die Gewährleistung des gesellschaftlichen Zusammenhalts der Gemeinden zu verstehen ist, verdeutlicht das Baugesetzbuch, das die Bauleitplanung – also die örtliche Gesamtplanung der Gemeinden – regelt.[35] Das Bauplanungs- und Städtebaurecht erwartet von den Gemeinden, dass sie mit der Gewährleistung von Daseinsvorsorge, Infrastrukturen und öffentlichen Gütern die Grundlage für den gesellschaftlichen Zusammenhalt der örtlichen Gemeinschaft legen. Daseinsvorsorge, Infrastrukturen und öffentliche Güter stellen einen zentralen Gesichtspunkt in der gesamtplanerischen Abwägung jeder Gemeinde dar (§ 1 Abs. 7 BauGB). Sie bestimmen die soziale, ökonomische und ökologische Dimension des dreidimensionalen Nachhaltigkeitsbegriffs, der die nachhaltige Stadtentwicklung als Ziel der gesamtplanerischen Abwägung und damit der Bauleitplanung insgesamt prägt (§ 1 Abs. 5 Satz 1 BauGB). Die Gewährleistung von Daseinsvorsorge, Infrastrukturen und öffentlichen Gütern findet deshalb in einer Vielzahl von Planungsleitsätzen Ausdruck, wie beispielsweise der Sicherheit und Gesundheit von Wohnen und Arbeiten (§ 1 Abs. 6 Nr. 1 BauGB), Bildung (§ 1 Abs. 6 Nr. 2 BauGB), Energie- und Wasserversorgung (§ 1 Abs. 6 Nr. 4 und Nr. 8 lit. e BauGB), Post- und Telekommunikation (§ 1 Abs. 6

34 Vgl. Burgi, Kommunalrecht, § 6, Rn. 13ff., insbesondere Rn. 19.

35 Vgl. hierzu und zum Folgenden Kersten, Baurecht, Rn. 24.

Nr. 8 lit. d BauGB), Mobilität (§ 1 Abs. 6 Nr. 9 BauGB) und Umweltschutz (§ 1 Abs. 6 Nr. 7, § 1a BauGB). Dies spiegelt sich wiederum in den Möglichkeiten, Daseinsvorsorge, Infrastrukturen und öffentliche Güter im Flächennutzungsplan darzustellen (§ 5 Abs. 2 Nr. 1, Nr. 2 lit. a und lit. d, Nr. 3, Nr. 4 und Nr. 7 BauGB) bzw. im Bebauungsplan festzusetzen (§ 9 Abs. 1 Nr. 5, Nr. 12, Nr. 13 und Nr. 14 lit. b BauGB).

Insofern lässt sich festhalten: Die Gewährleistung der kommunalen Selbstverwaltung (Art. 28 Abs. 2 Satz 1 GG) hält am europäischen Leitbild der »Unteilbarkeit der Stadt«[36] fest, die ihren gesellschaftlichen Zusammenhalt insbesondere durch die Gewährleistung von Daseinsvorsorge, Infrastrukturen und öffentlichen Gütern sichert.

5.4 Flächendeckende Infrastrukturen

Ursprünglich enthielt unsere Verfassung keine ausdrückliche Regelung flächendeckender Infrastrukturen. Doch im Zuge der Privatisierung von Bahn und Post wurden Art. 87e und Art. 87f in das Grundgesetz aufgenommen. Diese Regelungen gewährleisten für die Bereiche des Verkehrs und der Telekommunikation flächendeckende Infrastrukturgarantien, die den gesellschaftlichen Zusammenhalt sichern sollen.[37] Zunächst weist Art 87e GG die Verkehrsbedürfnisse als ein verfassungsrechtlich anerkanntes Kohäsionsgut aus: Der Bund garantiert, dass dem Wohl der Allgemeinheit – insbesondere den Verkehrsbedürfnissen – beim Ausbau und Erhalt des Schienennetzes der Eisenbahnen des Bundes sowie bei den Verkehrsangeboten auf diesem Schienennetz Rechnung getragen wird, soweit diese nicht den Schienenpersonennahverkehr betreffen (Art. 87e Abs. 4 Satz 1 GG). Dieser Ausweis der Verkehrsbedürfnisse in Art. 87e Abs. 4 Satz 1 GG als Gemeinwohlbelang beschränkt sich keineswegs auf die Schiene, sondern umfasst alle Verkehrssektoren. Als Ausdruck des Sozialstaatsprinzips begreift Art. 87e Abs. 4 Satz 1 GG flächendeckende Mobilität als einen Gemeinwohlbelang, der dem gesellschaftlichen Zusammenhalt der Bundesrepublik dient.[38] Was dies ganz konkret bedeutet, zeigt wiederum das Raumordnungsgesetz: Die

36 Häußermann, Global, lokal, sozial, S. 71.

37 Vgl. Lepsius, in: Fehling/Ruffert, Regulierungsrecht, § 4, Rn. 90ff.

38 Vgl. Pieroth, in: Jarass/Pieroth, GG, Art. 87e, Rn. 7.

Versorgung mit Dienstleistungen und Infrastrukturen der Daseinsvorsorge – insbesondere die Erreichbarkeit von Einrichtungen und Angeboten der Grundversorgung für alle Bevölkerungsgruppen – ist zur Sicherung von Chancengerechtigkeit in den Teilräumen in angemessener Weise zu gewährleisten (§ 2 Abs. 2 Nr. 3 Satz 1 ROG). Sodann fordert das Grundgesetz die flächendeckende Grundversorgung mit angemessenen und ausreichenden Post- und Telekommunikationsdienstleistungen ein (Art. 87f Abs. 1 GG). Gerade für (periphere) ländliche und strukturschwache Räume verleiht somit Art. 87f Abs. 1 GG »einem regionalpolitischen Ziel Verfassungsrang«[39].

5.5 Gleichwertigkeit der Lebensverhältnisse

Die Gleichwertigkeit der Lebensverhältnisse bildet das zentrale territoriale Integrationsversprechen der Bundesrepublik. Doch seitdem das Grundgesetz im Jahr 1949 in Kraft getreten ist, hat sich dieses Inklusionsversprechen gewandelt.[40] Um die Bedeutung des Gleichwertigkeitsgrundsatzes richtig einzuschätzen, muss man sich zunächst vor Augen führen, dass das Grundgesetz die Einheitlichkeit bzw. Gleichwertigkeit der Lebensverhältnisse (bisher) nicht als eine Staatszielbestimmung ausweist, sondern als eine Schranke der konkurrierenden Gesetzgebungskompetenz des Bundes ausgestaltet (Art. 72 Abs. 2 GG). Obwohl die Gleichwertigkeit der Lebensverhältnisse für die Verfassung des gesellschaftlichen Zusammenhalts der Bundesrepublik von ganz herausgehobener Bedeutung ist, handelt es sich also gleichwohl um ein eher etwas »verstecktes« Verfassungsgut, was seine verfassungsrechtliche Einordnung erschwert. Es lohnt sich umso mehr, die verfassungsrechtliche Entwicklung des Einheitlichkeits- bzw. Gleichwertigkeitspostulats zu verfolgen, weil sich in ihr zugleich der sozialpolitische Wandel der Bundesrepublik Deutschland spiegelt.

---

39 Uerpmann-Wittzack, in: v. Münch/Kunig GG, Art. 87 f, Rn. 9.

40 Vgl. hierzu und zum Folgenden BVerfGE 140, 65 (95ff. m. w. N.) – Öffentliche Fürsorge; Kersten, Abschied von der Gleichwertigkeit der Lebensverhältnisse, S. 247ff.; Hartmann/Jansen, Die Gleichwertigkeit der Lebensverhältnisse als Verfassungsgebot, S. 246ff.; Kahl, »Gleichwertige Lebensverhältnisse« und Grundgesetz, S. 18ff.

5.5.1 Einheitlichkeit der Lebensverhältnisse 1949

Im Jahr 1949 knüpfte das Grundgesetz die Ausübung der konkurrierenden Gesetzgebungskompetenz durch den Bund an die Voraussetzung, dass ein Bedürfnis nach bundesgesetzlicher Regelung zur Wahrung der Rechts- und Wirtschaftseinheit und insbesondere der Einheitlichkeit der Lebensverhältnisse über das Gebiet eines Landes hinaus bestand (Art. 72 Abs. 2 Nr. 3 GG [1949]).[41] Dabei hatte das Bundesverfassungsgericht in seiner frühen Rechtsprechung dem Bundesgesetzgeber einen weiten Einschätzungsspielraum für die Beurteilung der Frage zugestanden, ob ein solches Bedürfnis nach einer bundeseinheitlichen Regelung zur Wahrung der Einheitlichkeit der Lebensverhältnisse im konkreten Fall gegeben war.[42] Dies kam dem Selbstverständnis der frühen Bundesrepublik in ihrer Entwicklung zu einem unitarischen Wohlfahrtsstaat entgegen. So wirkte das Erfordernis der Wahrung einheitlicher Lebensverhältnisse letztlich nicht als eine Kompetenzschranke des Bundes, sondern entwickelte sich – ganz im Gegenteil – zu einem »Motor der Vereinheitlichung«[43] der Lebensverhältnisse in der Bundesrepublik.

5.5.2 Gleichwertigkeit der Lebensverhältnisse 1994

Im Jahr 1994 kam es im Zuge der Verfassungsreform nach der deutschen Einheit auch zu einer Novelle des Art. 72 Abs. 2 GG:[44] Art. 72 Abs. 2 Alt. 1 GG (1994)[45] sah nun vor, dass der Bund die konkurrierende Gesetzgebungskompetenz ausüben kann, wenn und soweit es die Herstellung gleichwertiger

41 Vgl. Art. 74 Abs. 2 GG (1949): »Der Bund hat in diesem Bereich das Gesetzgebungsrecht, soweit ein Bedürfnis nach bundesgesetzlicher Regelung besteht, weil [...] 3. die Wahrung der Rechts- oder Wirtschaftseinheit, insbesondere die Wahrung der Einheitlich keit der Lebensverhältnisse über das Gebiet eines Landes hinaus sie erfordert.« (Klammerzusatz durch die Verfasser).

42 Vgl. BVerfGE 1, 264 (272f.) – Bezirksschornsteinfeger; BVerfGE 13, 237 (239) – Ladenschlussgesetz II; ständige Rechtsprechung.

43 Stern, Das Staatsrecht der Bundesrepublik Deutschland, 2. Bd., S. 597; vgl. auch BVerfGE 106, 62 (136) – Altenpflegegesetz.

44 Vgl. BT-Drs. 12/6000, S. 16, 33f.; hierzu BVerfGE 106, 62 (138ff.) – Altenpflegegesetz.

45 Vgl. Art. 74 Abs. 2 GG (1994): »Der Bund hat in diesem Bereich das Gesetzgebungsrecht, wenn und soweit die Herstellung gleichwertiger Lebensverhältnisse im Bundesgebiet oder die Wahrung der Rechts- oder Wirtschaftseinheit im gesamtstaatlichen Interesse eine bundesgesetzliche Regelung erforderlich macht.«

Lebensverhältnisse im Bundesgebiet erforderlich macht. Zugleich wurde in Art. 93 Abs. 1 Nr. 2a GG klargestellt, dass die Kompetenzschranke des Art. 72 Abs. 2 GG vor dem Bundesverfassungsgericht justiziabel sein sollte.

5.5.3 Gleichwertigkeit der Lebensverhältnisse 2006

Im Jahr 2006 wurde die Regelung des Art. 72 Abs. 2 GG im Zuge der Föderalismusreform I ein weiteres Mal reformiert.[46] Diese Neufassung der Regelung beschränkte den Anwendungsbereich der Erforderlichkeitsklausel auf ausgewählte Materien der konkurrierenden Gesetzgebungskompetenz. Die Fassung der Erforderlichkeitsklausel selbst blieb jedoch unangetastet.[47] Dies entspricht der aktuellen Rechtslage.[48]

Das Bundesverfassungsgericht hat nach der Verfassungsreform 1994 seine Rechtsprechung zur Gleichwertigkeit der Lebensverhältnisse geändert. Dabei gab das Gericht die großzügige Haltung seiner frühen Rechtsprechung zu Art. 72 Abs. 2 GG (1949) auf, die dem Gesetzgeber ein weites Ermessen hinsichtlich der Erforderlichkeit, einheitliche Lebensverhältnisse zu wahren, eingeräumt hatte und damit ein weites wohlfahrtsstaatliches Verständnis des Art. 72 Abs. 2 GG unbeanstandet ließ. Nach der Verfassungsreform von 1994 hielt der Zweite Senat des Bundesverfassungsgerichts in seinem Urteil vom 24. Oktober 2002 zum Altenpflegegesetz fest, dass nach dem Willen des verfassungsändernden Gesetzgebers die Voraussetzungen der Inanspruchnahme der konkurrierenden Gesetzgebungskompetenz durch den Bund nun verfassungsgerichtlich voll überprüfbar sein sollten.[49] Dementsprechend räumen die Karlsruher Richterinnen und Richter dem Bundesgesetzgeber kein politisches Ermessen mehr hinsichtlich der Erforderlichkeit einer bundeseinheitlichen Regelung im Sinn des Art. 72 Abs. 2 GG ein. Vielmehr kontrolliert

---

46 Vgl. BT-Drs. 16/813, S. 2, 7, 11; hierzu Battis/Kersten, die Raumordnung nach der Föderalismusreform, S. 155f.

47 Vgl. BVerfGE 140, 65 (96) – Öffentliche Fürsorge.

48 Vgl. Art. 74 Abs. 2 GG (geltende Fassung): »Auf den Gebieten des Artikels 74 Abs. 1 Nr. 4, 7, 11, 13, 15, 19a, 20, 22, 25 und 26 hat der Bund das Gesetzgebungsrecht, wenn und soweit die Herstellung gleichwertiger Lebensverhältnisse im Bundesgebiet oder die Wahrung der Rechts- oder Wirtschaftseinheit im gesamtstaatlichen Interesse eine bundesgesetzliche Regelung erforderlich macht.«

49 Vgl. hierzu und zum Folgenden BVerfGE 106, 62 (136ff., 142ff., 148ff.) – Altenpflegegesetz.

das Bundesverfassungsgericht die Voraussetzungen des Gleichwertigkeitsgrundsatzes jetzt in dem neuen Verfahren nach Art. 93 Abs. 1 Nr. 2a GG vollständig. Nur für Prognosen der künftigen Entwicklung der Lebensverhältnisse sowie des Konzepts einer gegebenenfalls notwendigen bundeseinheitlichen Regelung soll dem Bundesgesetzgeber noch eine politische Einschätzungsprärogative zukommen, für die dieser allerdings die Darlegungs- und Argumentationslast trägt.[50] Diese Grundsätze wurden von dem Bundesverfassungsgericht in seiner weiteren Rechtsprechung wiederholt und vertieft.[51]

Im Zuge seiner nun »strengen« Überprüfung des Gleichwertigkeitspostulats hat das Bundesverfassungsgericht zugleich auch dessen Inhalt sehr restriktiv bestimmt, um den Ländern eine größere föderale Autonomie im Rahmen der konkurrierenden Gesetzgebung zu sichern.[52] Nach der Auffassung des Bundesverfassungsgerichts ist das Tatbestandsmerkmal der Gleichwertigkeit der Lebensverhältnisse nicht bereits dann erfüllt, wenn eine bundeseinheitliche Regelung sinnvoll erscheint. Es soll auch nicht schon dann bejaht werden, wenn es dem Bundesgesetzgeber – wie in Art. 91a Abs. 1 GG – um eine Verbesserung der Lebensverhältnisse geht. Es gilt nun:

> »Das bundesstaatliche Rechtsgut gleichwertiger Lebensverhältnisse ist vielmehr erst dann bedroht und der Bund erst dann zum Eingreifen ermächtigt, wenn sich die Lebensverhältnisse in den Ländern der Bundesrepublik in erheblicher, das bundesstaatliche Sozialgefüge beeinträchtigender Weise auseinander entwickelt haben oder sich eine derartige Entwicklung konkret abzeichnet.«[53]

Auch in seiner Entscheidung über die Einführung von Studiengebühren vom 26. Januar 2005 betont das Bundesverfassungsgericht ausdrücklich »die in der bundesstaatlichen Ordnung des Grundgesetzes angelegte Bandbreite un-

---

50 Vgl. BVerfGE 106, 62 (136ff., 142ff., 148ff.) – Altenpflegegesetz; BVerfGE 111, 10 (28) – Ladenschlussgesetz III; BVerfGE 111, 226 (255) – Juniorprofessur; BVerfGE 113, 167 (198) – Risikostrukturausgleich; BVerfGE 125, 141 (153f.) – Kommunales Hebesatzrecht; BVerfGE 140, 65 (94f. m. w. N.) – Öffentliche Fürsorge.

51 Vgl. BVerfGE 111, 10 (28) – Ladenschlussgesetz III; BVerfGE 111, 226 (253ff.) – Juniorprofessur; BVerfGE 112, 226 (243ff.) – Studiengebühren; BVerfGE 125, 141 (153ff.) – Kommunales Hebesatzrecht; BVerfGE 140, 65 (94f. m. w. N.) Öffentliche Fürsorge.

52 Vgl. hierzu und zum Folgenden BVerfGE 106, 62 (144) – Altenpflegegesetz.

53 BVerfGE 106, 62 (144) – Altenpflegegesetz; 111, 226 (253) – Juniorprofessur; BVerfGE 112, 226 (244) – Studiengebühren.

terschiedlicher Lebensverhältnisse.«[54] Deshalb halten die Richterinnen und Richter eine bundeseinheitliche Regelung zur Herstellung gleichwertiger Lebensverhältnisse nur dann für gerechtfertigt, wenn die Entwicklung »zu einer mit dem Rechtsgut Gleichwertigkeit der Lebensverhältnisse unvereinbaren Benachteiligung der Einwohner dieser Länder führt.«[55] Voraussetzung einer bundesgesetzlichen Regelung ist,

> »dass vorhersehbare Einbußen in den Lebensverhältnissen von den betroffenen Ländern durch eigenständige Maßnahmen entweder gar nicht oder nur durch mit den anderen Ländern abgestimmten Regelungen bewältigt werden können.«[56]

Wie ist dieser Wandel der Rechtsprechung des Bundesverfassungsgerichts von der Einheitlichkeit zur Gleichwertigkeit der Lebensverhältnisse einzuschätzen? Positiv sind vor allem zwei Punkte hervorzuheben: Erstens ist die Klarstellung des Bundesverfassungsgerichts zu begrüßen, dass es sich bei der Gleichwertigkeit der Lebensverhältnisse um ein »bundesstaatliches Rechtsgut«[57] handelt, um eine verfassungsrechtliche »Zielvorgabe«[58] bzw. »Zielgröße«[59]. Deshalb hält das Gericht auch vollkommen konsequent fest, dass der Gesetzgeber zum Schutz dieses föderalen Rechtsguts aufgerufen ist[60] bzw. »die Gleichwertigkeit der Lebensverhältnisse im gebotenen Umfang sicherzustellen«[61] hat. Dies ist selbst dann zu begrüßen, wenn durch diese Betonung der föderalen Dimension[62] die sozialstaatliche Dimension[63] des Gleichwertigkeitsgrundsatzes leider etwas zu stark in den Hintergrund tritt. Zweitens

---

54 BVerfGE 112, 226 (247f.) – Studiengebühren.

55 BVerfGE 112, 226 (245) – Studiengebühren.

56 BVerfGE 112, 226 (248) – Studiengebühren.

57 BVerfGE 106, 62 (144) – Altenpflegegesetz.

58 BVerfGE 106, 62 (145, 149, 153) – Altenpflegegesetz; vgl. ferner BVerfGE 106, 62 (149f., 161) und 112, 226 (245) – Studiengebühren: »Rechtsgut«.

59 Abweichende Meinung der Richterinnen Osterloh und Lübbe-Wolff und des Richters Gerhardt BVerfGE 111, 226 (279) – Juniorprofessur.

60 Vgl. BVerfGE 106, 62 (149) – Altenpflegegesetz; BVerfGE 111, 226 (254) – Juniorprofessur; BVerfGE 112, 226 (248) – Studiengebühren; BVerfGE 125, 141 (154) – Kommunales Hebesatzrecht.

61 BVerfGE 112, 226 (248) – Studiengebühren.

62 Vgl. für die föderale Dimension Hartmann/Jansen, Die Gleichwertigkeit der Lebensverhältnisse als Verfassungsgebot, S. 257ff.

63 Vgl. für die sozialstaatliche Dimension Voßkuhle, Der Sozialstaat in der Rechtsprechung des Bundesverfassungsgerichts, S. 181.

ist der Ausspruch des Bundesverfassungsgerichts auf der verfassungsrechtlichen Habenseite zu verbuchen, dass territoriale Ungleichheit »zu einer mit dem Rechtsgut Gleichwertigkeit der Lebensverhältnisse unvereinbaren Benachteiligung der Einwohner dieser Länder führt«[64] bzw. führen kann. Diese Lesart des Gleichwertigkeitspostulats unterstreicht zugleich die soeben vorgestellte Interpretation des Allgemeinen Gleichheitssatzes (Art. 3 Abs. 1 GG) und der Diskriminierungsverbote (Art. 3 Abs. 3 Satz 1 GG) in den Zeiten territorialer Ungleichheit.

Sehr kritisch ist demgegenüber die restriktive Bestimmung des Gleichheitswertigkeitspostulats im Sinn eines Minimums des gesellschaftlichen Zusammenhalts zu beurteilen – eines sozialen Minimums, das nur noch auf eine drohende Desintegration der bundesstaatlichen Ordnung abstellt. Aus dem wohlfahrtstaatlichen Maximum der frühen Rechtsprechung des Bundesverfassungsgerichts ist in dessen Rechtsprechung nach der Verfassungsreform 1994 ein Minimum des gesellschaftlichen Zusammenhalts geworden. Doch das bundesstaatliche Rechtsgut der Gleichwertigkeit der Lebensverhältnisse lässt sich weder mit Minimal- noch mit Maximalpostulaten ausfüllen: mit wohlfahrtstaatlichen Maximalvorstellungen nicht, weil diese die Leistungsfähigkeit des Staats längst überfordern; mit wohlfahrtstaatlichen Minimalvorstellungen nicht, weil sie schlicht am Gleichwertigkeitsgrundsatz vorbeigehen. Schon der Verfassungsbegriff der Gleichwertigkeit legt nahe, dass es nicht um ein flächendeckendes Minimum, sondern um eine wertbezogene Beschreibung der vernetzten Qualität von Daseinsvorsorge, Infrastrukturen und öffentlichen Gütern geht, die den gesellschaftlichen Zusammenhalt der Bundesrepublik insgesamt gewährleisten: Gesundheit und Pflege, Bildung und Kultur, Energie, Kommunikation und Mobilität. Es sind also vor allem zwei Kriterien, die in die Bestimmung der Gleichwertigkeit der Lebensverhältnisse mit Blick auf Daseinsvorsorge, Infrastrukturen und öffentliche Güter einfließen: zum einen die Frage, welcher Qualitätsstandard für Daseinsvorsorge, Infrastrukturen und öffentliche Güter unabhängig von ihrem konkreten Ort angemessen ist; zum anderen, ob Daseinsvorsorge, Infrastrukturen und öffentliche Güter angemessen miteinander vernetzt sind. Nur beide Kriterien gemeinsam – also die vernetzte Qualität von Daseinsvorsorge, Infrastrukturen und öffentlichen Gütern – können die demokratische Gestaltung gleichwertiger Lebensverhältnisse in der Bundesrepublik anleiten.

---

64 BVerfGE 112, 226 (245) – Studiengebühren.

5.6 Sozialstaat

Das Sozialstaatsprinzip (Art. 20 Abs. 1 GG) zielt ebenfalls auf die Gewährleistung des gesellschaftlichen Zusammenhalts und wendet sich damit zugleich gegen soziale Ungleichheit und territoriale Spaltung: Das soziale Staatsziel verpflichtet die Bundesrepublik, erstens »für einen Ausgleich der sozialen Gegensätze und damit für eine gerechte Sozialordnung zu sorgen«[65], zweitens für die »Herstellung erträglicher Lebensbedingungen für alle«[66] einzutreten und drittens eine »annähernd gleichmäßige Förderung des Wohles aller Bürger und annähernd gleichmäßige Verteilung der Lasten«[67] anzustreben. Auf die zentrale Bedeutung des Sozialstaatsgebots für den demokratischen Verfassungsstaat hat das Bundesverfassungsgericht in seiner Lissabon-Entscheidung vom 30. Juni 2009 ausdrücklich hingewiesen:

> »Als besonders sensibel für die demokratische Selbstgestaltungsfähigkeit eines Verfassungsstaates gelten seit jeher Entscheidungen über [...] die sozialstaatliche Gestaltung von Lebensverhältnissen.«[68]

Zugleich betont das Gericht aber auch, dass dem Staat bei der Erfüllung seiner verfassungsrechtlichen »Pflichtaufgabe«, für eine gerechte Sozialordnung zu sorgen, ein weiter Gestaltungsspielraum zukomme,

> »weshalb bislang nur in wenigen Fällen konkrete verfassungsrechtliche Handlungspflichten aus dem Prinzip abgeleitet wurden. Der Staat hat lediglich die Mindestvoraussetzungen für ein menschenwürdiges Dasein seiner Bürger zu schaffen. Das Sozialstaatsprinzip stellt dem Staat eine Aufgabe, sagt aber nichts darüber, mit welchen Mitteln diese Aufgabe im Einzelnen zu verwirklichen ist.«[69]

Man sieht auch hier: Die Verfassung setzt auf die Ausgestaltung des Sozialstaatsprinzips durch den Gesetzgeber.[70] Wenn allerdings insofern »nur« von der verfassungsrechtlichen Pflicht die Rede ist, Mindestvoraussetzungen für

---

65 BVerfGE 22, 180 (204) – Jugendhilfe; vgl. ferner BVerfGE 69, 272 (314) – Krankenversicherung der Rentner; BVerfGE 123, 267 (359 m. w. N.) – Lissabon.

66 BVerfGE 1, 97 (105) – Hinterbliebenenrechte I.

67 BVerfGE 5, 85 (198) – KPD.

68 BVerfGE 123, 267 (359 [Klammerzusatz durch die Verfasser]) – Lissabon.

69 BVerfGE 123, 267 (362 m. w. N) – Lissabon.

70 Vgl. hierzu und zum Folgenden Voßkuhle, Der Sozialstaat in der Rechtsprechung des Bundesverfassungsgerichts, S. 183.

ein menschenwürdiges Dasein der Bürgerinnen und Bürger zu schaffen, darf eines nicht übersehen werden: Die sozialstaatliche Gewährleistung von Daseinsvorsorge, Infrastrukturen und öffentlichen Gütern und damit auch die verfassungsrechtliche Steuerungswirkung des Sozialstaatsprinzips gehen gerade nicht in der Garantie existentieller Mindeststandards auf. Das Sozialstaatsprinzip verpflichtet den demokratischen Verfassungsstaat, den Zusammenhalt der bundesrepublikanischen Gesellschaft sozial gerecht zu gestalten, sodass sich alle Bürgerinnen und Bürger frei entfalten können.

5.7 Demokratische Gestaltung des gesellschaftlichen Zusammenhalts

Das Grundgesetz ist eine Verfassung des gesellschaftlichen Zusammenhalts der Bürgerinnen und Bürger. Die Bundesrepublik folgt – in den Worten des Bundesverfassungsgerichts – dem »Ideal der ›sozialen Demokratie in den Formen des Rechtsstaates‹«[71]. Dabei versteht unsere Verfassung die Gewährleistung dieses gesellschaftlichen Zusammenhalts keineswegs eindimensional, sondern enthält – wie soeben gesehen – eine Vielzahl von Regelungen, die mit ihren unterschiedlichen verfassungsrechtlichen Funktionen auf die unterschiedlichen Herausforderungen des gesellschaftlichen Zusammenhalts durch soziale und territoriale Ungleichheit antworten: Die Grundlage des gesellschaftlichen Zusammenhalts bildet die Garantie des Existenzminiums (Art. 1 Abs. 1 i. V. m. Art. 20 Abs. 1 GG), dessen Konkretisierung durch das Bundesverfassungsgericht bereits auf das notwendige Zusammenspiel von Daseinsvorsorge, Infrastrukturen, öffentlichen Gütern und Sozialen Orten hinweist. Denn einerseits rechnet das Bundesverfassungsgericht beispielsweise Wohnung, Heizung, Hygiene und Gesundheit zum Existenzminimum, was notwendigerweise soziale und technische Daseinsvorsorge, Infrastrukturen und öffentliche Güter voraussetzt. Andererseits verbindet das Gericht diese Gewährleistung mit der Feststellung, dass das menschliche Existenzminimum auch die Teilhabe an Sozialen Orten garantiert und ganz konkret die

71 BVerfGE 5, 85 (198) – KPD; vgl. hierzu Voßkuhle, Der Sozialstaat in der Rechtsprechung des Bundesverfassungsgerichts, S. 184.

> »Sicherung der Möglichkeit zur Pflege zwischenmenschlicher Beziehungen und zu einem Mindestmaß an Teilhabe am gesellschaftlichen, kulturellen und politischen Leben umfasst, denn der Mensch als Person existiert notwendig in sozialen Bezügen.«[72]

Auf der Grundlage dieses Existenzminimums entfaltet sich das Grundgesetz als Verfassung des gesellschaftlichen Zusammenhalts weiter: Die Bürgerinnen und Bürger nutzen ihre Freiheitsrechte, um Soziale Orte zu begründen und zu beleben (Art. 2 Abs. 1, Art. 4 Abs. 1, Art. 5 Abs. 1, Art. 8, Art. 9, Art. 12 Abs. 1, Art. 14 Abs. 1 GG). Die grundrechtlichen Schutzpflichten veranlassen den Staat, Daseinsvorsorge, Infrastrukturen und öffentliche Güter in den Bereichen Bildung, Energie, Gesundheit, Kommunikation, Mobilität, Pflege und Wasser zu garantieren (Art. 2 Abs. 1, Art. 2 Abs. 2 Satz 1, Art. 5 Abs. 1, Art. 6 Abs. 1 GG). Dies wird durch die kommunale Daseinsvorsorge (Art. 28 Abs. 2 Satz 1 GG) sowie die flächendeckenden Infrastrukturgewährleistungen in den Bereichen Verkehr (Art. 87e Abs. 4 Satz 1 GG) sowie Post- und Telekommunikation (Art. 87f Abs. 1 GG) weiter ausdifferenziert. Bürgerinnen und Bürger können derivative und gegebenenfalls auch originäre Teilhabeansprüche aus ihren Freiheitsrechten in Verbindung mit dem Allgemeinen Gleichheitssatz (Art. 3 Abs. 1 GG) und dem Sozialstaatsgebot (Art. 20 Abs. 1 GG) hinsichtlich der Gewährleistung von Daseinsvorsorge, Infrastrukturen und öffentlichen Gütern geltend machen. Sie werden hinsichtlich einer unangemessenen Versorgung mit öffentlichen Gütern, Daseinsvorsorge und Infrastrukturen durch die Verbote geschützt, Menschen wegen ihrer Heimat oder ihrer Herkunft zu diskriminieren (Art. 3 Abs. 3 Satz 1 GG). Das Sozialstaatsgebot (Art. 20 Abs. 1 GG) verpflichtet den Staat gerade auch in Zeiten territorialer Ungleichheit, für sozialen Ausgleich, eine gerechte Lastenverteilung und erträgliche Lebensbedingungen für alle zu sorgen. Vor dem Hintergrund dieser differenzierten Regelungen des gesellschaftlichen Zusammenhalts im Grundgesetz wird zugleich deutlich, warum auch das soziale und territoriale Integrationsversprechen gleichwertiger Lebensverhältnisse (Art. 72 Abs. 2 GG) nicht eindimensional verstanden werden kann. Deshalb sollten wir uns bei der Bestimmung des Gleichwertigkeitsgrundsatzes von der minimalistischen Begriffsbildung des Bundesverfassungsgerichts lösen. Auch zielt die Herstellung gleichwertiger Lebensverhältnisse keineswegs auf »Gleichmacherei«[73]. Vielmehr geht

---

72 BVerfGE 125, 175 (223) – Hartz IV.

73 Gropp, Miese Luft bei bester Oper, S. 16.

es dem Gleichwertigkeitsgrundsatz darum, eine angemessene Qualität und Vernetzung von Daseinsvorsorge, Infrastrukturen und öffentlichen Gütern zu garantieren, sodass sich alle Bürgerinnen und Bürger dieser Republik frei entfalten können.

Dieses Verfassungsversprechen muss der Gesetzgeber einlösen, indem er den gesellschaftlichen Zusammenhalt der Bundesrepublik demokratisch gestaltet:[74] Eine lebendige Demokratie kann sich nur auf der Grundlage des Zusammenhalts einer Gesellschaft entfalten. Demgegenüber leidet unser demokratisches Zusammenleben, wenn Städte durch soziale Segregation gespalten oder schrumpfende Gemeinden, Regionen und Länder von den Wachstumsregionen sozial abgehängt werden. Speziell auf den Zusammenhang zwischen der Etablierung und Festigung lokaler Demokratie und der substantiellen Leistungsfähigkeit kommunaler Strukturen haben die Politikwissenschaftler Thomas Ellwein und Ralf Zoll bereits für die junge Bundesrepublik in der Wertheim-Studie hingewiesen.[75] Ellwein und Zoll veranschaulichen am Beispiel der Entwicklung einer badischen Kleinstadt in den Nachkriegsjahrzehnten, dass die Vitalität gesamtstaatlicher demokratischer Strukturen sehr eng mit den politischen Lebenswirklichkeiten »vor Ort« zusammenhängt: Es kommt für das Gelingen unserer Demokratie also insbesondere auf die Kommunen und Kleinstädte an. Zugleich wird im Rahmen der Befragung von Bürgerinnen und Bürgern deutlich, dass eine starke lokale Demokratie ihre materiellen Grundlagen und symbolischen Ressourcen gerade in den Leistungen der Daseinsvorsorge, aber auch in den Konflikten um Daseinsvorsorge findet. Daseinsvorsorge, Infrastrukturen und öffentliche Güter sind als Ausdruck gleichwertiger Lebensverhältnisse also keineswegs Luxusgüter für bessere Zeiten. Sie sind die Voraussetzung für aktive Vereine und Verbände, für eine engagierte Bürgerschaft und damit zugleich für Soziale Orte und eine lebendige Demokratie.

Angesichts der sich zuspitzenden territorialen Ungleichheit gilt es erneut, an diesen engen Zusammenhang von Demokratie und gesellschaftlichem Zusammenhalt, von Daseinsvorsorge, Infrastrukturen, öffentlichen Gütern und Sozialen Orten zu erinnern. Wenn es also um den Zusammenhalt der bundesrepublikanischen Gesellschaft aufgrund sozialer und territorialer Polarisierungen nicht gutsteht, so liegt dies im demokratischen Verfassungsstaat

74 Vgl. hierzu und zum Folgenden Kersten/Neu/Vogel, Das Soziale-Orte-Konzept, S. 52.

75 Vgl. Ellwein/Zoll, Die Wertheim-Studie.

an niemand anderem als uns selbst: Wir Bürgerinnen und Bürger entscheiden über den sozialen und territorialen Zusammenhalt unserer Gesellschaft, die Gewährleistung von Daseinsvorsorge und Infrastrukturen, die soziale und territoriale Verteilung öffentlicher Güter und die Belebung Sozialer Orte. Deshalb gilt es, das demokratische Inklusionsversprechen der gleichwertigen Lebensverhältnisse für die ganze Bundesrepublik zu erneuern.

6. Das Soziale-Orte-Konzept

Das Soziale-Orte-Konzept nimmt die verfassungsrechtliche Verpflichtung des Grundgesetzes auf, den Zusammenhalt unserer Gesellschaft demokratisch zu gestalten. Zugleich reagiert es dabei auf den eingangs aufgezeigten Paradigmenwechsel in der sozialräumlichen Entwicklung der Bundesrepublik: Ohne öffentliche Güter, Infrastrukturen und Daseinsvorsorge gibt es keine Sozialen Orte, an denen Gesellschaft sich begegnet. Aber auch ohne Soziale Orte werden öffentliche Güter, Infrastrukturen und Daseinsvorsorge nicht gesellschaftlich belebt. Der gesellschaftliche Zusammenhalt entfaltet sich im wechselseitigen Zusammenspiel von Sozialen Orten und öffentlichen Gütern, Infrastrukturen und Daseinsvorsorge. Vor dem Hintergrund dieses Paradigmenwechsels setzt das Soziale-Orte-Konzept mit einer sozialräumlichen Analyse ein, für die es eine Typologie des riskanten, resilienten und robusten Zusammenhalts anbietet (6.1). Sodann vergewissert sich das Soziale-Orte-Konzept der Pfadabhängigkeiten des gesellschaftlichen Zusammenhalts, die durch das Zentrale-Ort-Konzept bestimmt werden, das jedoch angesichts territorialer Ungleichheit mit immer stärkeren Funktionseinbußen zu kämpfen hat (6.2). Zugleich nimmt das Soziale-Orte-Konzept die Steuerungsdefizite in den Blick, die aufgrund der ebenfalls beschränkten Wirksamkeit von Urban Governance in Form des Stadtumbaus und der Sozialen Stadt hinsichtlich der Gewährleistung des gesellschaftlichen Zusammenhalts bestehen (6.3). Gerade deshalb kommt es darauf an, das Leitbild der Sozialen Orte für eine nachhaltige Gemeinde- und Stadtentwicklung gesetzlich zu verankern (6.4), um den gesellschaftlichen Akteurinnen und Akteuren einen stimmigen und aussagekräftigen rechtlichen Rahmen für die demokratische Gestaltung des gesellschaftlichen Zusammenhalts »vor Ort« anzubieten (6.5).

6.1 Typologie des gesellschaftlichen Zusammenhalts

Das Soziale-Orte-Konzept setzt mit einer Analyse des Status quo ein: Wie ist es um den gesellschaftlichen Zusammenhalt in einer Gemeinde bestellt?

Für die Beantwortung dieser Frage ist es zunächst wichtig, Soziale Orte nicht schlicht mit einem ganzen Quartier oder einer ganzen Gemeinde zu identifizieren. Quartiere und Gemeinden bestehen aus einer Vielzahl von Sozialen Orten, in denen sich die Bürgerinnen und Bürger öffentlich begegnen. Soziale Orte bilden sich in Arbeit und Wirtschaft, im Kultur- und Vereinsleben oder in Bildungs- und Pflegeeinrichtungen. Sie setzen eine angemessene Gewährleistung von öffentlichen Gütern, Daseinsvorsorge und Infrastrukturen voraus, die sie wiederum selbst sozial beleben. Dabei kommt es darauf an, dass Soziale Orte den gesellschaftlichen Zusammenhalt eines Quartiers oder einer Gemeinde stärken. Darüber hinaus ist es entscheidend – wann immer möglich –, weitere soziale Verknüpfungen in der Region, im Land oder anderen Ländern zu suchen und zu finden. Soziale Orte sind keine introvertierten Orte, sondern sollen den gesellschaftlichen Zusammenhalt möglichst weitgehend entfalten. Um vor diesem Hintergrund in Zeiten territorialer Ungleichheit den gesellschaftlichen Zusammenhalt »vor Ort« zu analysieren, kann eine Typologie helfen, die zwischen dem riskanten, resilienten und robusten Zusammenhalt in einer Gemeinde unterscheidet.[1]

6.1.1 Riskanter Zusammenhalt

Der gesellschaftliche Zusammenhalt eines Quartiers oder einer Gemeinde wird *riskant*, wenn der gesellschaftliche Zusammenhalt »auf der Kippe steht« oder (bereits) verloren zu gehen droht. Die Indikatoren, die anzeigen, dass der Zusammenhalt eines Quartiers oder einer Gemeinde riskant wird, sind ganz entsprechend den soeben angesprochenen Kriterien: erstens eine substanzielle Einbuße sozialen, wirtschaftlichen und kulturellen Lebens, zweitens der nachhaltige Abbau von öffentlichen Gütern, Infrastrukturen und Daseinsvorsorge und drittens der Verlust von sozialen Beziehungen, welche die Quartiers- oder Gemeindegrenzen überschreiten und so die soziale Introvertierung des Quartiers oder der Gemeinde verhindern. Die Entwicklung auf diesen drei Ebenen wirkt kumulativ. Dies kann zu exponentiellen Einbußen

1 Vgl. hierzu und zum Folgenden Kersten/Neu/Vogel, Das Soziale-Orte-Konzept, S. 55; auch Arndt et al., Soziale Orte, S. 32.

des gesellschaftlichen Zusammenhalts führen. Eine Politik des gesellschaftlichen Zusammenhalts in riskanten Gemeinden muss deshalb auch auf eine kumulative Förderung auf allen drei genannten Ebenen setzen. Es genügt also nicht, Soziale Orte *oder* öffentliche Güter, Infrastrukturen oder Daseinsvorsorge *oder* die soziale Verbindung eines Quartiers oder einer Gemeinde durch Vernetzung mit ihrer »Außenwelt« zu fördern. Angesichts des beschriebenen Paradigmenwechsels – also des wechselseitigen Zusammenspiels von Sozialen Orten einerseits und öffentlichen Gütern, Infrastrukturen und Daseinsvorsorge andererseits – würde dies nicht zu einer nachhaltigen Stärkung des gesellschaftlichen Zusammenhalts führen. Vielmehr muss im konkreten Einzelfall ein Soziale-Orte-Konzept entwickelt, gestaltet und umgesetzt werden, das alle drei Kriterien des gesellschaftlichen Zusammenhalts zugleich und gemeinsam in den Blick nimmt: Soziale Orte *und* öffentliche Güter, Infrastrukturen und Daseinsvorsorge *und* gebietsüberschreitende Vernetzung sozialer Beziehungen, indem insbesondere Anschluss an das Zentrale-Orte-Konzept gesucht wird. Das politische Ziel einer solchen Konkretisierung des Soziale-Orte-Konzepts »vor Ort« ist es, ein Mindestmaß und – besser noch – einen resilienten oder – natürlich noch besser – einen robusten Zusammenhalt der Gesellschaft »vor Ort« zu entwickeln.

6.1.2 Resilienter Zusammenhalt

Der gesellschaftliche Zusammenhalt eines Quartiers oder einer Gemeinde ist *resilient*, wenn Herausforderungen oder Beeinträchtigungen des gesellschaftlichen Zusammenhalts kompensiert werden können, ohne dass dieser als riskant betrachtet werden muss.[2] Für die Frage, ob und wo der gesellschaftliche Zusammenhalt herausgefordert oder beeinträchtigt wird, lässt sich wiederum auf die drei genannten Indikatoren abstellen: Erfolgt die Herausforderung oder Beeinträchtigung des gesellschaftlichen Zusammenhalts durch ein Verschwinden Sozialer Orte, durch einen Verlust von öffentlichen Gütern, Infrastrukturen und Daseinsvorsorge oder durch eine soziale Introvertierung des Stadtquartiers oder der Gemeinde? Wie wirkt sich die Reduzierung eines dieser Kriterien auf die anderen Kriterien und den gesellschaftlichen Zusammenhalt des Quartiers oder der Gemeinde insgesamt aus? Mit der Beant-

2 Vgl. zur Entwicklung des Resilienzprinzips Allenby/Fink, Toward Inherently Secure and Resilient Societies, S. 1034ff.; aus juristischer Perspektive Gusy, Resilient Societies, S. 995ff.; Becker, Neuere Entwicklung der Alterssicherungssysteme in Europa, S. 159ff.

wortung dieser Fragen lässt sich zugleich auch bestimmen, wie eine Herausforderung oder Beeinträchtigung des gesellschaftlichen Zusammenhalts im konkreten Fall wieder kompensiert werden kann: Ist es möglich und sinnvoll das Kriterium, das unter Druck geraten ist, zu stärken? Oder kann eine Kompensation auch durch eines der anderen Kriterien erfolgen? Das Ziel einer Politik des gesellschaftlichen Zusammenhalts muss es sein, diese Kompensationen von Herausforderungen und Beeinträchtigungen zu unterstützen und zu fördern, damit sich das Quartier oder die Gemeinde als resilient erweisen kann.

6.1.3 Robuster Zusammenhalt

Der gesellschaftliche Zusammenhalt eines Quartiers oder einer Gemeinde ist *robust*, wenn sich auf der Grundlage einer angemessenen Ausstattung mit öffentlichen Gütern, Infrastrukturen und Daseinsvorsorge sehr viele Soziale Orte identifizieren lassen, die eine nachhaltige Entwicklung des gesellschaftlichen Zusammenhalts gewährleisten. Das Ziel einer Politik des sozialen Zusammenhalts ist im Fall robuster Quartiere und Gemeinden darauf gerichtet, personelle, finanzielle, infrastrukturelle, kulturelle und wirtschaftliche Potenziale in der Region und darüber hinaus zu identifizieren, mit denen robuste Kommunen solche Quartiere und Gemeinden unterstützen können, deren gesellschaftlicher Zusammenhalt sich als riskant oder aber auch als resilient erweist.

6.2 Pfadabhängigkeiten des gesellschaftlichen Zusammenhalts

Eine Politik des gesellschaftlichen Zusammenhalts entwickelt sich in Pfadabhängigkeiten. Man kann sie nicht einfach vollkommen neu, quasi vom Reißbrett her entwerfen oder am grünen Tisch gestalten. Es gibt soziale, ökonomische und ökologische Vorentscheidungen, die insbesondere auf einer großflächigen Gestaltung von Infrastrukturen und Daseinsvorsorge beruhen. Diese infrastrukturellen Vorentscheidungen wurden zum Großteil bereits in der Industrialisierung getroffen; und sie haben sich in der weiteren sozialen, politischen und ökonomischen Entwicklung der Industriegesellschaft im 19. und 20. Jahrhundert weiter ausdifferenziert. Hier haben nicht nur zwei deutsche Weltkriege, sondern auch zwei deutsche Diktaturen ihre bis heute sichtbaren infrastrukturellen Spuren hinterlassen.

6.2.1 Das Zentrale-Orte-Konzept

Diese einerseits industriegesellschaftlichen, andererseits aber auch ideologisch ambivalenten Pfadabhängigkeiten spiegeln sich im Zentrale-Orte-Konzept, mit dem man nun seit fast 100 Jahren versucht, den gesellschaftlichen Zusammenhalt zunächst einer Industriegesellschaft und sodann einer postindustriellen Gesellschaft angesichts eines Wechsels sozialer, politischer und ökonomischer Systeme zu gestalten.[3] Vor allem nach dem Zweiten Weltkrieg ist das Zentrale-Orte-Konzept zu dem – im wahrsten Sinne des Wortes – zentralen Steuerungsinstrument der Raumordnung, der Fachplanung und der Stadtentwicklung der Bundesrepublik als Industriegesellschaft avanciert.[4] Das Zentrale-Orte-Konzept versucht, die territorialen Unterschiede, die im Hinblick auf öffentliche Güter, Infrastrukturen und Daseinsvorsorge bestehen, durch eine dreistufige Raum- und Siedlungsstruktur zu überbrücken. Dafür differenziert es zwischen Grund-, Mittel- und Oberzentren:[5] Grundzentren stellen den täglichen Lebensbedarf im Hinblick auf Lebensmittel, Grundschule und ärztliche Versorgung sicher. Mittelzentren bieten ausgeweitete Einkaufsmöglichkeiten, weiterführende Schulen und Krankenhäuser. Oberzentren offerieren umfassende Konsummöglichkeiten, Hochschulen und spezialisierte Gesundheitsversorgung.

Das Zentrale-Orte-Konzept prägt mit seiner dreistufigen Siedlungsstruktur bis heute die Raumordnung der Bundesrepublik und formuliert damit zugleich die infrastrukturellen Pfadabhängigkeiten des gesellschaftlichen Zusammenhalts. Es fügt sich heute in das Leitbild einer nachhaltigen Raumentwicklung, die das Raumordnungsgesetz (ROG) – also das Recht und die Praxis der überörtlichen Gesamtplanung – bestimmt.[6] Dieses Leitbild der nachhaltigen Raumentwicklung soll die sozialen und wirtschaftlichen Ansprüche an den Raum mit seinen ökologischen Funktionen in Einklang bringen und zu einer dauerhaften, großräumig ausgewogenen Ordnung mit gleichwertigen Lebensverhältnissen in den Teilräumen führen (§ 1 Abs. 2, § 2

3 Vgl. zum Ursprung des Zentrale-Orte-Konzepts Christaller, Die zentralen Orte in Süddeutschland, S. 21ff.; zur Bedeutung und Entwicklung des Zentrale-Orte-Konzepts im Nationalsozialismus Aly/Heim, Vordenker der Vernichtung, S. 145ff., 171; Kegler, Deutsche Raumplanung, passim, besonders S. 167ff., 205ff., 227ff. m. umf. N.

4 Vgl. Blotevogel, Zentrale Orte, S. 1307ff.

5 Vgl. Blotevogel, Zentrale Orte, S. 1307ff.; Langhagen-Rohrbach, Raumordnung und Raumplanung, S. 44f.

6 Vgl. Kersten, Baurecht, Rn. 37ff.

Abs. 1 ROG).[7] Das Raumordnungsgesetz konkretisiert dieses Leitbild einer nachhaltigen Raumentwicklung durch die Grundsätze der Raumordnung: Es strebt im Gesamtraum der Bundesrepublik und in seinen Teilräumen ausgeglichene soziale, infrastrukturelle, wirtschaftliche, ökologische und kulturelle Verhältnisse an (§ 2 Abs. 2 Nr. 1 Satz 1 ROG). Dies gilt gleichermaßen für Ballungs- und ländliche Räume sowie für strukturschwache und strukturstarke Regionen (§ 2 Abs. 2 Nr. 1 Satz 3 ROG). Dabei ist auf einen Ausgleich räumlicher und struktureller Ungleichgewichte zwischen den Regionen hinzuwirken (§ 2 Abs. 2 Nr. 1 Satz 5 ROG). In diesem Kontext hebt das Raumordnungsgesetz die Sicherung einer nachhaltigen Daseinsvorsorge ausdrücklich hervor (§ 2 Abs. 2 Nr. 1 Satz 2 ROG). Es verlangt darüber hinaus, dass die Versorgung mit Dienstleistungen und Infrastrukturen der Daseinsvorsorge – insbesondere die Erreichbarkeit von Einrichtungen und Angeboten der Grundversorgung für alle Bevölkerungsgruppen – zur Sicherung von Chancengerechtigkeit auch in dünn besiedelten Teilräumen in angemessener Weise garantiert wird (§ 2 Abs. 2 Nr. 3 Satz 1 ROG). Diese Gewährleistung einer nachhaltigen Raumentwicklung und insbesondere flächendeckender Daseinsvorsorge und Infrastrukturen versucht die Raumordnung durch das Zentrale-Orte-Konzept sicherzustellen:[8] Die Siedlungstätigkeit ist räumlich zu konzentrieren und vorrangig auf vorhandene Siedlungen mit ausreichender Infrastruktur und auf Zentrale Orte auszurichten (§ 2 Abs. 2 Nr. 2 Satz 4 ROG). Darüber hinaus soll die soziale Infrastruktur vorrangig in Zentralen Orten gebündelt werden (§ 2 Abs. 2 Nr. 3 Satz 2 Hs. 1 ROG).

6.2.2 Die Krise des Zentralen-Orte-Konzepts

Mit dieser dreistufigen Siedlungsstruktur formuliert das Zentrale-Orte-Konzept die infrastrukturellen Pfadabhängigkeiten für das Soziale-Orte-Konzept. Zugleich ist es aber auch die Aufgabe des Soziale-Orte-Konzepts, gerade die Funktionseinbußen des Zentrale-Orte-Konzepts zu kompensieren, die in den letzten Jahrzehnten immer deutlicher geworden sind. Denn das Zentrale-Orte-Konzept hat seine Hochzeit in der Planungseuphorie der 1960er und 1970er Jahren erlebt.[9] Doch in den letzten Jahrzehnten haben

7 Vgl. Battis, Öffentliches Baurecht und Raumordnungsrecht, Rn. 80f.

8 Vgl. Spannowsky, in: ders./Runkel/Goppel, ROG, § 2, Rn. 51, 79, 83f.

9 Vgl. zur Steuerungs- und Planungseuphorie der 1960er und 1970er Jahre Stolleis, Geschichte des öffentlichen Rechts in Deutschland IV, S. 265ff.

der demografische Wandel und die territoriale Ungleichheit zu nachhaltigen Funktionseinbußen, wenn nicht sogar zu einer Krise des Zentrale-Orte-Konzepts geführt: Grund- und Mittelzentren fällt es vor allem in Schrumpfungsgebieten zunehmend schwer, die Funktionen zu erfüllen, die ihnen das Zentrale-Orte-Konzept zuweist.[10] Darüber sehen sich die Funktionen, die Ober- und Ballungszentren im Rahmen des Zentrale-Orte-Konzepts übernehmen sollen, aufgrund ihrer sozialen und ökonomischen Desintegration in Frage gestellt. Wenn aber diese Gewährleistungen von öffentlichen Gütern, Infrastrukturen und Daseinsvorsorge in einem auf Vernetzung setzenden Zentrale-Orte-Konzept an mehreren Stellen gleichzeitig dysfunktional werden, so steht aufgrund der Vernetzungsstruktur die Gewährleistung des gesellschaftlichen Zusammenhalts durch das Zentrale-Orte-Konzepts insgesamt in Frage. Der Gesetzgeber hat bereits versucht, auf diese desintegrative Entwicklung des Zentrale-Orte-Konzepts durch neue Schwerpunktsetzungen im Raumordnungsrecht zu reagieren: Demografischen, wirtschaftlichen, sozialen sowie anderen strukturverändernden Herausforderungen soll auch im Hinblick auf den Rückgang und den Zuwachs von Bevölkerung und Arbeitsplätzen Rechnung getragen werden (§ 2 Abs. 2 Nr. 1 Satz 4 Hs. 1 ROG). Die Erreichbarkeits- und Tragfähigkeitskriterien des Zentrale-Orte-Konzepts sind flexibel an regionalen Erfordernissen auszurichten (§ 2 Abs. 2 Nr. 2 Satz 2 Hs. 2 ROG). Neben dieser Flexibilisierung hebt das Raumordnungsgesetz nun auch sehr viel intensiver die Notwendigkeit der Kooperation hervor, um eine nachhaltige Raumentwicklung sicherzustellen: Mit dem Ziel der Stärkung und Entwicklung des Gesamtraums und seiner Teilräume ist auf Kooperationen innerhalb von Regionen und von Regionen hinzuwirken, die in vielfältigen Formen möglich sind, etwa in Form von Stadt-Land-Partnerschaften (§ 2 Abs. 2 Nr. 2 Satz 3 ROG).

---

10 Vgl. etwa Akademie für Raumordnung und Landesplanung, Anforderungen an ein zukünftiges Zentrale-Orte-Konzept, S. 1f., Baade et al., Daseinsvorsorge im peripheren ländlichen Raum – am Beispiel der Gemeinde Galenbeck, S. 24f. Grundsätzlich sind hier auch die Ergebnisse des Raumordnungsberichts 2011 des Bundesinstituts für Bau-, Stadt- und Raumforschung (BBSR) zu nennen. Der Raumordnungsbericht 2011 konstatiert, dass die Gleichwertigkeit der Lebensverhältnisse im Bundesgebiet nicht mehr gegeben ist. In mehreren Teilräumen – vor allem im Nordosten – sind in mehreren Bereichen mit Blick auf den Bundesdurchschnitt deutliche Abweichungen regionaler Lebensverhältnisse nach unten zu verzeichnen – vgl. Bundesinstitut für Bau-, Stadt- und Raumforschung, Raumordnungsbericht 2011, S. 7f.

6.2.3 Das Zentrale-Orte-Konzept und das Soziale-Orte-Konzept

Damit wird deutlich: Der Gesetzgeber möchte mit flexibleren und kooperativen Strukturen des Zentrale-Orte-Konzepts auf die Herausforderungen territorialer Ungleichheit reagieren, die die räumliche Sozialstruktur der Bundesrepublik immer stärker prägen. Diesem Anliegen entspricht auch der Versuch, durch eine weitere Ausdifferenzierung von Unter- und Kleinzentren funktionale Zentrale Orte zu entwickeln, die darauf ausgerichtet sind, dass mehrere Gemeinden gemeinsam kooperativ ein Versorgungscluster bilden.[11] Angesichts zunehmender territorialer Ungleichheit ist diese funktionale Weiterentwicklung des Zentrale-Orte-Konzepts sicherlich zu begrüßen. Aber für die Gewährleistung des gesellschaftlichen Zusammenhalts muss das klassische bzw. das flexibilisierte Zentrale-Orte-Konzept durch das Soziale-Orte-Konzept ergänzt werden, um das verfassungsrechtliche Integrationsversprechen gleichwertiger Lebensverhältnisse einzulösen. Das Soziale-Orte-Konzept kann sich aber nur im Rahmen der Pfadabhängigkeiten entfalten, die das Zentrale-Orte-Konzept geschaffen hat. Zugleich ist aber auch das Zentrale-Orte-Konzept darauf angewiesen, dass das Soziale-Orte-Konzept die Funktionen für die Förderung des Zusammenhalts unserer Gesellschaft übernimmt, die aufgrund der zunehmend dysfunktionalen Vernetzung von Unter-, Mittel- und Oberzentren entstanden sind.

6.3 Steuerungsdefizite des gesellschaftlichen Zusammenhalts

Wenn der gesellschaftliche Zusammenhalt »vor Ort« herausgefordert oder beeinträchtigt wird, steht aus verfassungsrechtlicher Perspektive die »örtliche Gemeinschaft« auf dem Spiel, die den Kern der kommunalen Selbstverwaltungsgarantie des Grundgesetzes bildet (Art. 28 Abs. 2 Satz 1 GG). Aus diesem Grund hat das Besondere Städtebaurecht den Gemeinden und Quartieren insbesondere zwei Instrumente von Urban Governance zur Verfügung gestellt, um den gesellschaftlichen Zusammenhalt zu gewährleisten: zum einen

11 Vgl. grundsätzlich zur Fortentwicklung des Zentrale-Orte-Konzepts Blotevogel, Zentrale Orte, S. 1314; ders., Fortentwicklung des Zentrale-Orte-Konzepts, S. 217ff.

den Stadtumbau in schrumpfenden Kommunen, zum anderen die Soziale Stadt in wachsendenden Gemeinden.[12]

6.3.1 Steuerungsdefizite des »Stadtumbaus«

Der Stadtumbau (§ 171a–§ 171d BauGB) soll schrumpfenden Gemeinden die Möglichkeit eröffnen, im Schrumpfungsprozess ihren gesellschaftlichen Zusammenhalt neu zu gestalten. Das Baugesetzbuch sieht insofern vor, dass Stadtumbau- oder Stadtrückbaumaßnahmen in Gebieten erfolgen, die einen erheblichen städtebaulichen Funktionsverlust erleben (§ 171a Abs. 2 Satz 1 BauGB). Der zentrale Indikator für einen solchen Funktionsverlust ist das Überangebot von baulichen Anlagen für bestimmte Nutzungen und insbesondere für Wohnzwecke (§ 171a Abs. 2 Satz 2 BauGB). Das Ziel von Stadtumbaumaßnahmen besteht in der Herstellung nachhaltiger städtebaulicher Strukturen (§ 171a Abs. 2 Satz 1 BauGB). Es soll durch einen Rückbau der betroffenen Kommunen »von außen nach innen« erreicht werden, sodass ihr Zentrum erhalten bleibt (§ 171 Abs. 3 Nr. 3 und 7 BauGB). Die Umsetzung des Stadtumbaus erfolgt anhand eines städtebaulichen Entwicklungskonzepts, das von der Gemeinde unter Beteiligung der Eigentümerinnen und Eigentümer, Mieterinnen und Mieter, Pächterinnen und Pächter sowie weiteren Betroffenen sowie öffentlichen Aufgabenträger konkretisiert wird (§ 171b Abs. 2 und 3 BauGB). Das städtebauliche Entwicklungskonzept bildet sodann die Grundlage erstens für die Festsetzung des Stadtumbaugebiets (§ 171b Abs. 1 BauGB), zweitens für die finanzielle Städtebauförderung (§ 171b Abs. 4 BauGB) und drittens für die Umsetzung des Stadtumbaus bzw. Stadtrückbaus durch städtebauliche Verträge, die zwischen der Gemeinde und den betroffenen Grundstückseigentümern geschlossen werden (§ 171c Satz 1 BauGB).

Wenn man sich dieses Governance Konzept des Stadtumbaus bzw. Stadtrückbaus vor Augen führt, werden unmittelbar die konkreten und die abstrakten Probleme deutlich, die es mit Blick auf die Gewährleistung des gesellschaftlichen Zusammenhalts von schrumpfenden Gemeinden aufwirft:[13] Die konkreten Probleme des Stadtrückbaus liegen auf operationeller Ebene.

12 Vgl. Battis, Öffentliches Baurecht und Raumordnungsrecht, Rn. 467f.; hierzu und zum Folgenden auch Kersten/Neu/Vogel, Das Soziale-Orte-Konzept, S. 53f.

13 Vgl. hierzu und zum Folgenden Kersten, Demographie als Verwaltungsaufgabe, S. 327ff.; ders., Veränderung von Verfassung und Verwaltung durch Wissen, S. 198; Kersten/Neu/Vogel, Demografie und Demokratie, S. 56ff.

Es soll ein vertraglicher, also konsensualer Lastenausgleich zwischen rückbauenden und nicht rückbauenden Eigentümerinnen und Eigentümern sowie der infrastrukturbeschwerten Gemeinde realisiert werden. Doch wer beseitigt schon gerne freiwillig die Bebauung auf seinem Grundstück und verzichtet darüber hinaus dauerhaft auf sein Baurecht, selbst wenn ein finanzieller Lastenausgleich erfolgen soll? Die Angst um den Wert des Eigentums hat in schrumpfenden Kommunen bei Bürgerversammlungen zu Tumulten geführt, als bekannt gegeben wurde, dass Stadtumbaumaßnahmen erwogen würden.[14] Bei einer auch nur halbwegs realistischen Betrachtung wird sich ein Stadtumbau bzw. Stadtrückbau nur in einer für alle beteiligten Eigentümerinnen und Eigentümer bereits vollkommen ausweglosen Schrumpfungssituation realisieren lassen. Das ist dann der Fall, wenn insbesondere der Wohnungsmarkt keinerlei Gewinne mehr verspricht[15] und deshalb aus dem Immobilieneigentum als einem Eigentumsrecht (Art. 14 Abs. 1 GG) längst nur noch eine wirtschaftliche Last geworden ist. Das Governance-Konzept des Stadtumbaus kommt deshalb regelmäßig nur dann überhaupt in Betracht, wenn es praktisch schon zu spät ist, um die immobile Integrität einer Gemeinde wirtschaftlich sinnvoll neu zu gestalten. Dies verweist aber bereits auf das abstrakte Problem, das mit dem Konzept des Stadtumbaus bzw. Stadtrückbaus verbunden ist: Die Frage, wie man den Wert immobilen Eigentums unter Schrumpfungsbedingungen wirtschaftlich neu bemisst, ist zweifellos wichtig und auch eine zentrale Herausforderung des Rechts des demografischen Wandels. Doch die wirtschaftliche Klärung der Eigentumsfrage ist – jedenfalls für sich genommen – überhaupt nicht in der Lage, den gesellschaftlichen Zusammenhalt in schrumpfenden Gemeinden angemessen zu steuern. Es kommt für die Gewährleistung des gesellschaftlichen Zusammenhalts primär auf das »Soziale« und allenfalls sekundär auf das Eigentum an. Deshalb sind gerade schrumpfende Gemeinden auch nicht primär auf ein neues Eigentums-Konzept, sondern auf ein Soziale-Orte-Konzept angewiesen.

6.3.2 Steuerungsdefizite der »Sozialen Stadt«

Die Soziale Stadt (§ 171e BauGB) soll wachsenden Gemeinden die Möglichkeit eröffnen, ihren gesellschaftlichen Zusammenhalt zu fördern, soweit dieser

14 Vgl. Möller, Siedlungsrückbau in den neuen Ländern nach Stadtumbau- und Sanierungsrecht, S. 108.

15 Vgl. Tutt, Das große Schrumpfen, S. 140f.

durch Segregation herausgefordert wird oder sich in Frage gestellt sieht:[16] Die städtebaulichen Maßnahmen, die im Rahmen der Sozialen Stadt ergriffen und umgesetzt werden, zielen auf die Stabilisierung und Aufwertung von Quartieren, in denen aufgrund sozialer Missstände ein besonderer Entwicklungsbedarf besteht (§ 171e Abs. 2 Satz 1 BauGB). Dies ist der Fall, wenn in einem Quartier die soziale, ökonomische und zunehmend auch die ökologische Situation zu einer sozialräumlichen Benachteiligung führt (§ 171e Abs. 2 Satz 2 BauGB). Um einer solchen sozialräumlichen Diskriminierung zu begegnen, kann eine Kommune durch Gemeinderatsbeschluss ein Gebiet für Maßnahmen der Sozialen Stadt festsetzen (§ 171e Abs. 3 Satz 1 BauGB). Diese Maßnahmen der Sozialen Stadt sollen im konkreten Einzelfall darauf ausgerichtet sein, die sozialen Entwicklungspotenziale von benachteiligten Quartieren zu unterstützen, um den gesellschaftlichen Zusammenhalt im benachteiligten Quartier und dadurch zugleich in der gesamten Gemeinde zu fördern. Diese Ausrichtung der Sozialen Stadt auf den gesamtstädtischen Zusammenhalt ist deshalb besonders wichtig, weil nur so eine soziale Introvertierung des benachteiligten Quartiers verhindert werden kann.[17] Mit dieser gesamtstädtischen Zielsetzung findet die Soziale Stadt zugleich Anschluss an die verfassungsrechtliche Erwartung des Grundgesetzes, dass Gemeinden eine »örtliche Gemeinschaft« bilden (Art. 28 Abs. 2 Satz 1 GG). Dieses Ziel möchte das Konzept der Sozialen Stadt durch finanzielle Förderung erreichen, die sich nicht nur auf Investitionen in die Eigentumsstruktur, sondern insbesondere auch auf soziale Maßnahmen in dem benachteiligten Quartier bezieht (§ 171e Abs. 2 Satz 3 BauGB). Was genau mit den Mitteln der Sozialen Stadt gefördert werden kann, ergibt sich aus einem Entwicklungskonzept, das von den Bewohnerinnen und Bewohnern des benachteiligten Stadtviertels und den öffentlichen Aufgabenträgern formuliert und fortgeschrieben wird (§ 171e Abs. 4 und 5 BauGB). Diese Entwicklungskonzepte sollen die Ziele und Maßnahmen der Sozialen Stadt in dem benachteiligten Quartier darstellen (§ 171e Abs. 4 Satz 1 BauGB), wobei die Verbesserung der Wohn- und Arbeitsverhältnisse sowie die Schaffung und Erhaltung sozial stabiler Bewohnerstrukturen im Mittelpunkt stehen (§ 171e Abs. 4 Satz 2 BauGB). Die konkrete Umsetzung dieses Entwicklungskonzepts erfolgt sodann in jedem

16 Vgl. hierzu und zum Folgenden Kersten, Demographie als Verwaltungsaufgabe, S. 330ff.; ders., Nachhaltigkeit und Städtebau, S. 419ff.; ders./Neu/Vogel, Das Soziale-Orte-Konzept, S. 53f.

17 Vgl. Kersten, Segregation in der Schule, S. 56ff.

Einzelfall durch eine Koordinierungsstelle. Diese wird von der Gemeinde gemeinsam mit den Akteurinnen und Akteuren unterhalten, die sich in dem benachteiligten Quartier für die Soziale Stadt engagieren (§ 171c Abs. 5 Satz 3 BauGB). Dieses Quartiermanagement hat zugleich die Aufgabe, das zivilgesellgesellschaftliche Engagement und Bürgerinitiativen im Stadtteil zu motivieren und zu vernetzen.

Diese Politik der Sozialen Stadt für die Gewährleistung des gesellschaftlichen Zusammenhalts ist grundsätzlich positiv zu bewerten, weil sie auf die Überwindung von politischer Apathie, sprachlichen Barrieren und kulturellen Distanzen ausgerichtet ist, die urbane Segregation heute immer stärker prägen. Diese positive Einschätzung bezieht sich vor allem auch auf die Möglichkeit, die städtebauliche Förderung nicht nur für investive Maßnahmen in die Immobilienstruktur, sondern auch für soziale Maßnahmen zu nutzen. Aber zugleich ist auch festzuhalten, dass die Politik und Praxis der Sozialen Stadt vor allem dort erfolgreich waren und sind, wo sie in staatlichen Institutionen starke Partner gefunden haben und finden. Dies gilt insbesondere für die Schulen, die sich zu zentralen Akteurinnen für die Aufstellung und Umsetzung von Entwicklungskonzepten in benachteiligten Quartieren erwiesen haben.[18] Dies verdeutlicht erneut die Staatsbedürftigkeit der Gesellschaft, wenn es um die demokratische Gewährleistung des gesellschaftlichen Zusammenhalts geht.[19] Deshalb ist die (zu) starke Relativierung der Rolle staatlicher Akteure in der Praxis der Sozialen Stadt kritisch zu bewerten.[20] Diese Kritik bezieht sich vor allem auf die antiinstitutionellen Reflexe, die auch in vielen Fällen die Theorie und Praxis der Sozialen Stadt begleitet haben und auch weiter begleiten. »Die« Zivilgesellschaft ist ohne die Institutionen des Verfassungsstaats nicht in der Lage, sich dauerhaft demokratisch und rechtsstaatlich, sozial und gerecht zu organisieren. So ist es die demokratische Kommunalverwaltung, die allein die Nachhaltigkeit von Maßnahmen der Sozialen Stadt gewährleisten kann, aber auch muss, um den Zusammenhalt der »örtlichen Gemeinschaft« (Art. 28 Abs. 2 Satz 1 GG) zu stärken.

Fasst man diese Überlegungen zu Stadtumbau und Sozialer Stadt zusammen, so ergibt sich ein doch sehr ambivalentes Bild der aktuellen Politik des

---

18 Vgl. Kersten, Segregation in der Schule, S. 56f.; ders., Die Öffnung der Schulen zur Stadt, S. 91ff.

19 Vgl. grundsätzlich Vogel, Die Staatsbedürftigkeit der Gesellschaft.

20 Vgl. hierzu und zum Folgenden Kersten, Segregation in der Schule, S. 56ff.; ders./Neu/Vogel, Das Soziale-Orte-Konzept, S. 54.

gesellschaftlichen Zusammenhalts: Was Schrumpfungsregionen angeht, konzentriert sich die Urban Governance mit dem in der Praxis nicht gerade erfolgreichen Konzept des Stadtumbaus bzw. Stadtrückbaus auf die Reorganisation von Eigentumsstrukturen. Was Wachstumsregionen angeht, reflektiert die Soziale Stadt zwar, dass es bei einer Politik des gesellschaftlichen Zusammenhangs eben auch um soziale Maßnahmen geht. Doch die Soziale Stadt verliert insbesondere die zentrale Rolle der demokratischen Gemeindeverwaltung aus dem Blick, wenn sie glaubt, dass sich schlicht über eine finanziell geförderte Selbstorganisation der Zivilgesellschaft in Form eines Quartiersmanagements der gesellschaftliche Zusammenhalt dauerhaft und nachhaltig gewährleisten lässt. Deshalb zeigt dieser Blick auf den Stadtumbau und die Soziale Stadt: Wir müssen grundsätzlicher ansetzen, um eine Politik des gesellschaftlichen Zusammenhalts zu formulieren.

6.4 Politisches Leitbild und rechtliche Kontur des Soziale-Orte-Konzepts

Das Soziale-Orte-Konzept folgt dem Leitbild einer nachhaltigen Raum- und Stadtentwicklung. Deshalb ist es auf die demokratische Gestaltung des nachhaltigen Zusammenhalts in einer Gemeinde ausgerichtet.

6.4.1 Politisches Leitbild: Nachhaltiger Zusammenhalt

Mit diesem politischen Leitbild der demokratischen Gestaltung des nachhaltigen Zusammenhalts in einer Gemeinde reagiert das Soziale-Orte-Konzept insbesondere auf den Paradigmenwechsel zwischen Infrastrukturen und sozialer Kohäsion, den wir aktuell erleben: Gesellschaftlicher Zusammenhalt entfaltet sich nicht mehr »automatisch« dort, wo öffentliche Güter, Infrastrukturen und Daseinsvorsorge angeboten werden. Vielmehr stehen heute Soziale Orte einerseits und öffentliche Güter, Infrastrukturen und Daseinsvorsorge andererseits in einem Wechselwirkungsverhältnis: Einerseits bleibt die Einsicht richtig, dass sich Soziale Orte überhaupt nur dort entfalten (können), wo öffentliche Güter, Infrastrukturen und Daseinsvorsorge zur Verfügung stehen. Andererseits gilt es zu begreifen, dass öffentliche Güter, Infrastrukturen und Daseinsvorsorge heute ganz bewusst durch Soziale Orte belebt werden (müssen). Nur wenn man dieses grundsätzliche Zusammenspiel von Sozialen Orten und öffentlichen Gütern, Infrastrukturen und

Daseinsvorsorge reflektiert, findet man zu einer nachhaltigen Politik des gesellschaftlichen Zusammenhalts. Gerade weil damit aber das Verständnis von gesellschaftlichem Zusammenhalt grundsätzlich beschrieben wird, ist das Soziale-Orte-Konzept auch im politischen Zentrum jeder Gemeinde- und Stadtentwicklungspolitik zu verankern. In rechtlicher Perspektive bedeutet dies, dass es nicht genügt, die Frage des gesellschaftlichen Zusammenhalts einzelnen Governance-Instrumenten zu überlassen, also beispielsweise dem Stadtumbau (§ 171a–§ 171d BauGB) und der Sozialen Stadt (§ 171e BauGB), deren Steuerungsdefizite mit Blick auf die Gewährleistung der »örtlichen Gemeinschaft« (Art. 28 Abs. 2 Satz 1 GG) bereits deutlich geworden sind. Die sozial und politisch drängenden Fragen des gesellschaftlichen Zusammenhalts von Dörfern und Städten dürfen nicht im Besonderen Städtebaurecht »versteckt«, sondern müssen im Zentrum des Bauplanungsrechts verankert werden, um sich von hier aus im gesamten Städtebaurecht entfalten zu können.

Das Zentrum des Bauplanungs- und Städtebaurechts bildet das Planungsziel einer nachhaltigen Stadtentwicklung (§ 1 Abs. 5 BauGB), das die Gewichtung der Planungsleitsätze (§ 1 Abs. 6, § 1a BauGB) für die gesamtplanerische Abwägung (§ 1 Abs. 7 BauGB) vorgibt, die vom demokratisch legitimierten Gemeinderat vorzunehmen ist (§ 10 Abs. 1 BauGB).[21] Deshalb kann man die zentrale politische und rechtliche Bedeutung der Planungsziele überhaupt nicht überschätzen, die von § 1 Abs. 5 BauGB wörtlich wie folgt gefasst werden:

> »Die Bauleitpläne sollen eine nachhaltige städtebauliche Entwicklung, die die sozialen, wirtschaftlichen und umweltschützenden Anforderungen auch in Verantwortung gegenüber künftigen Generationen miteinander in Einklang bringt, und eine dem Wohl der Allgemeinheit dienende sozialgerechte Bodennutzung unter Berücksichtigung der Wohnbedürfnisse der Bevölkerung gewährleisten. Sie sollen dazu beitragen, eine menschenwürdige Umwelt zu sichern, die natürlichen Lebensgrundlagen zu schützen und zu entwickeln sowie den Klimaschutz und die Klimaanpassung, insbesondere auch in der Stadtentwicklung, zu fördern, sowie die städtebauliche Gestalt und das Orts- und Landschaftsbild baukulturell zu erhalten und zu entwickeln. Hierzu soll die städtebauliche Entwicklung vorrangig durch Maßnahmen der Innenentwicklung erfolgen.«

21 Vgl. Kersten, Baurecht, Rn. 80ff.

In dieser Formulierung der Planungsziele des § 1 Abs. 5 BauGB sind Soziale Orte in der sozialen Dimension des Nachhaltigkeitsbegriffs (§ 1 Abs. 5 Satz 1 BauGB) aufgehoben, der die sozialen, ökonomischen und ökologischen Belange zu einem angemessenen Ausgleich bringen soll.[22]

6.4.2 Rechtliche Kontur: Gesetzgebungsvorschlag

In rechtspositivistischer Perspektive genügt diese implizite Verankerung Sozialer Orte im Planungsleitbild einer nachhaltigen Stadtentwicklung, um dem gesellschaftlichen Zusammenhalt der Gemeinde in der gesamtplanerischen Abwägung (§ 1 Abs. 7 BauGB) gerecht zu werden. Doch angesichts der zentralen Bedeutung, die Soziale Orte und daran anknüpfend das Soziale-Orte-Konzept für den gesellschaftlichen Zusammenhalt entfalten, sollte der Gesetzgeber die Sozialen Orte auch ausdrücklich in die Planungsziele des § 1 Abs. 5 BauGB aufnehmen. Dies könnte vollkommen problemlos durch eine begriffliche Einbindung der »Sozialen Orte« und den »gesellschaftlichen Zusammenhalt« in § 1 Abs. 5 BauGB erfolgen, der damit die folgende wörtliche Fassung erhielte:

> »Die Bauleitpläne sollen eine nachhaltige städtebauliche Entwicklung, die die sozialen, wirtschaftlichen und umweltschützenden Anforderungen auch in Verantwortung gegenüber künftigen Generationen miteinander in Einklang bringt, und eine dem Wohl der Allgemeinheit dienende sozialgerechte Bodennutzung unter Berücksichtigung *von Sozialen Orten und* der Wohnbedürfnisse der Bevölkerung gewährleisten. Sie sollen dazu beitragen, *den gesellschaftlichen Zusammenhalt zu stärken,* eine menschenwürdige Umwelt zu sichern, die natürlichen Lebensgrundlagen zu schützen und zu entwickeln sowie den Klimaschutz und die Klimaanpassung, insbesondere auch in der Stadtentwicklung, zu fördern, sowie die städtebauliche Gestalt und das Orts- und Landschaftsbild baukulturell zu erhalten und zu entwickeln. Hierzu soll die städtebauliche Entwicklung vorrangig durch Maßnahmen der Innenentwicklung erfolgen.«

Auf diese Weise kann das Planungsleitbild der Sozialen Orte mit dem Planungsziel der Stärkung des gesellschaftlichen Zusammenhalts auf eine integrierende Abwägung der folgenden Planungsleitsätze einwirken, die in § 1 Abs. 6 BauGB geregelt sind:

---

22 Vgl. Battis, in: ders./Krautzberger/Löhr, BauGB, § 1, Rn. 45.

- die Wohnbedürfnisse der Bevölkerung, insbesondere auch von Familien mit mehreren Kindern, die Schaffung und Erhaltung sozial stabiler Bewohnerstrukturen (§ 1 Abs. 6 Nr. 2 BauGB),
- die sozialen und kulturellen Bedürfnisse der Bevölkerung, insbesondere die Bedürfnisse der Familien, der jungen, alten und behinderten Menschen, die unterschiedlichen Auswirkungen auf Frauen und Männer sowie die Belange des Bildungswesens und von Sport, Freizeit und Erholung (§ 1 Abs. 6 Nr. 3 BauGB),
- die Erhaltung, Erneuerung, Fortentwicklung, Anpassung und der Umbau vorhandener Ortsteile sowie die Erhaltung und Entwicklung zentraler Versorgungsbereiche (§ 1 Abs. 6 Nr. 4 BauGB),
- die von den Kirchen und Religionsgesellschaften des öffentlichen Rechts festgestellten Erfordernisse für Gottesdienst und Seelsorge (§ 1 Abs. 6 Nr. 6 BauGB),
- die Belange der Wirtschaft, auch ihrer mittelständischen Struktur im Interesse einer verbrauchernahen Versorgung der Bevölkerung (§ 1 Abs. 6 Nr. 8 lit. a BauGB),
- die Belange der Erhaltung, Sicherung und Schaffung von Arbeitsplätzen (§ 1 Abs. 6 Nr. 8 lit. c BauGB),
- die Belange des Post- und Telekommunikationswesens (§ 1 Abs. 6 Nr. 8 lit. d BauGB),
- die Belange der Versorgung, insbesondere mit Energie und Wasser, einschließlich der Versorgungssicherheit (§ 1 Abs. 6 Nr. 8 lit. e BauGB),
- die Belange des Personen- und Güterverkehrs und der Mobilität der Bevölkerung, einschließlich des öffentlichen Personennahverkehrs und des nicht motorisierten Verkehrs, unter besonderer Berücksichtigung einer auf Vermeidung und Verringerung von Verkehr ausgerichteten städtebaulichen Entwicklung (§ 1 Abs. 6 Nr. 9 BauGB) und
- die Belange von Flüchtlingen oder Asylbegehrenden und ihrer Unterbringung (§ 1 Abs. 6 Nr. 13 BauGB).

Diese Belange und Interessen sind anhand des Planungsleitbilds der Sozialen Orte (§ 1 Abs. 5 Satz 1 BauGB-Vorschlag) mit dem Planungsziel des gesellschaftlichen Zusammenhalts (§ 1 Abs. 5 Satz 2 BauGB-Vorschlag) in der planerischen Gesamtabwägung zu integrieren und zu gewichten. Dies bedeutet: Die planende Gemeinde muss sich – unter aktiver Partizipation der Öffentlichkeit (§ 3, § 4a BauGB) und von Behörden sowie der Träger öffentlicher Belange (§ 4, § 4a BauGB)[23] – darüber Gedanken machen, wie sie ganz konkret »vor Ort« das Wechselverhältnis von Sozialen Orten und öffentlichen Gütern, Infrastrukturen und Daseinsvorsorge demokratisch gestalten möchte, um ihren gesellschaftlichen Zusammenhalt zu gewährleisten.

6.5 Akteurinnen und Akteure des Soziale-Orte-Konzepts

Das Soziale-Orte-Konzept lebt vom sozialen und demokratischen Engagement seiner vielfältigen Akteurinnen und Akteure. Dies haben die Ausführungen zur Produktion von gesellschaftlichem Zusammenhalt veranschaulicht. Hieran kann das Recht der örtlichen Gesamtplanung unmittelbar anknüpfen. Denn schon ein kurzer Einblick in das Planungsverfahren zeigt, welche zentrale Rolle den Bürgerinnen und Bürgern, der Öffentlichkeit und der Zivilgesellschaft für die Gestaltung des Soziale-Orte-Konzepts im demokratischen Planungsverfahren der Gemeinden zukommt, um den gesellschaftlichen Zusammenhalt zu stärken (§ 3–§ 4a BauGB). Doch die Bedeutung von Bürgerinnen und Bürgern, von Zivilgesellschaft und Wirtschaft, Verwaltung und Staat für die Entfaltung des Soziale-Orte-Konzepts geht selbstverständlich weit über das Planungsverfahren hinaus.[24]

6.5.1 Bürgerinnen und Bürger

Die Bürgerinnen und Bürger sind mit ihrem individuellen und gemeinsamen Engagement die zentralen Akteurinnen und Akteure des Soziale-Orte-Konzepts, um den gesellschaftlichen Zusammenhalt ihrer Gemeinde zu gewährleisten. In diesem Zusammenhang kommen der Nachbarschaftshilfe und dem Ehrenamt eine besondere Bedeutung zu. Doch die Bürgerinnen und Bürger wollen nicht lediglich als »Ausfallbürge« für die entfallenen staatlichen Leistungen in Anspruch genommen werden:[25] Das Ehrenamt entfaltet sich – wie wir bereits gesehen haben – vor allem dort, wo es mit staatlichem, unternehmerischem und weiterem zivilgesellschaftlichem Engagement gemeinsam den Zusammenhalt unserer Gesellschaft sichern kann. Auch für

23 Vgl. Kersten, Baurecht, Rn. 111ff.

24 Vgl. hierzu und zum Folgenden Kersten/Neu/Vogel, Das Soziale-Orte-Konzept, S. 56.

25 Vgl. Neu, Daseinsvorsorge und Bürgerpartizipation, S. 44ff.; dies., Ländliche Räume und Daseinsvorsorge, S. 117ff.

das Ehrenamt spielt also das Wechselverhältnis zwischen Sozialen Orten und öffentlichen Gütern, Infrastrukturen und Daseinsvorsorge eine ganz entscheidende Rolle. Demgegenüber wird das öffentliche Lob des Ehrenamts ohne soziales und politisches Echo bleiben, wenn Staat und Verwaltung sich aus der schrumpfenden Fläche oder benachteiligten Stadtquartieren mit dem schlichten Appell an die Bürgerinnen und Bürger zurückzieht, sich doch ehrenamtlich um die Gewährleistung des gesellschaftlichen Zusammenhalts verdient zu machen.

6.5.2 Zivilgesellschaft

Die Zivilgesellschaft prägt ebenfalls das Soziale-Orte-Konzept. Initiativen, Vereine, Gewerkschaften und Religionsgemeinschaften tragen ganz konkret zur demokratischen Gestaltung und nachhaltigen Gewährleistung des gesellschaftlichen Zusammenhalts »vor Ort« bei. Deshalb kann das Soziale-Orte-Konzept auch für diese zivilgesellschaftlichen Akteure einen angemessenen Rahmen für ihr sozial kohäsives Engagement bieten und bilden. Dies gilt insbesondere dann, wenn zivilgesellschaftliche Akteure – wie Sportvereine oder Religionsgemeinschaften – regional- und länderübergreifend, wenn nicht sogar bundesweit in riskanten, resilienten und robusten Gemeinden präsent sind. Auch hier kommt es zunächst darauf an, dass sie sich nicht schlicht aus der schrumpfenden Fläche oder benachteiligten Quartieren zurückziehen, sondern sich ihrer sozialen Verantwortung für die nachhaltige Gestaltung des gesellschaftlichen Zusammenhalts bewusstwerden: Wie können Sportbünde auf Landes- und Bundesebene zu einer engeren Vernetzung von Vereinen in riskanten, resilienten und robusten Gemeinden beitragen? Wie können die Religionsgemeinschaften mit ihrer flächendeckenden Präsenz – gerade auch unter Verwendung digitaler Medien – den sozialen Zusammenhalt stärken?

6.5.3 Wirtschaft

Die Wirtschaft ist ebenfalls in der Lage, sich sehr viel stärker als bisher für den gesellschaftlichen Zusammenhalt zu engagieren. Dabei können sich auch Unternehmen am Soziale-Orte-Konzept orientieren. Insofern liegt der Beitrag von Unternehmen nicht allein in der Schaffung und dem Erhalt von Arbeitsplätzen und Konsummöglichkeiten. Vielmehr tragen private und öffentliche Unternehmen, die in riskanten, resilienten und robusten Gemeinden tätig sind, ebenfalls zu deren Vernetzung und damit zur nachhaltigen

Gewährleistung des gesellschaftlichen Zusammenhalts bei. Hier kommt den Infrastrukturunternehmen, die in den Daseinsvorsorgesektoren Energie, Post, Telekommunikation und Mobilität tätig sind, eine herausragende Bedeutung zu, die weit über die Garantie einer Grundversorgung (§ 1 Abs. 1 RegG, §§ 78 ff., § 150 Abs. 9 TKG, §§ 11 ff., § 52 PostG, §§ 36f. EnWG) hinausgeht. Sie können und sollten auch aktiv über eine sozialstaatliche Gestaltung des Regulierungsrechts sehr viel stärker in die Entwicklung von Konzepten der (trans)regionalen Daseinsvorsorge einbezogen werden, die wiederum Anschluss an Soziale-Orte-Konzepte suchen und auch finden kann.

6.5.4 Verwaltung und Staat

Schließlich nehmen Verwaltung und Staat im Rahmen des Soziale-Orte-Konzepts ihre demokratische und sozialstaatliche Verantwortung für die nachhaltige Gewährleistung des gesellschaftlichen Zusammenhalts wahr. Alle staatlichen Entscheidungs- und Verwaltungsebenen – von der Gemeinde über Landkreis und Region bis zu Land und Bund – haben die verfassungsrechtliche Aufgabe, den Zusammenhalt unserer Gesellschaft demokratisch zu gestalten und sozialstaatlich zu garantieren. Dafür können und sollten sie auch das Soziale-Orte-Konzept nutzen, weil es gerade auf das kooperative Engagement von Bürgerinnen und Bürgern, Zivilgesellschaft und der Wirtschaft mit Verwaltungen und Staat für den gesellschaftlichen Zusammenhalt ausgerichtet ist.

7. Soziale Orte in einer vulnerablen Gesellschaft

Die Pandemie wirft neues Licht auf die Frage nach der Stabilität des Zusammenhalts – und damit auch auf den Bestand einer offenen Gesellschaft; eine Gesellschaft, die durch den Rechtsstaat Grenzen setzt und Freiheit gibt, und die durch den Wohlfahrtsstaat Sicherheit gewährleistet und Aufstiege ermöglicht. Seit dem März 2020 geht es nicht um einen Ausnahmezustand und das Ende des Parlamentarismus. Allzu wohlfeil, ja geradezu frivol sind diese Debatten. Zudem zielen sie am Kernpunkt kommender gesellschaftlicher Herausforderungen vorbei. Denn nicht das Grundgesetz ist in Gefahr, sondern das gesellschaftliche Miteinander, das auf Begegnung, Kommunikation und auch Konflikt im öffentlichen Raum, der allen Menschen zugänglich sein sollte, beruht. Ein Gefährdungspotential geht nicht zuletzt davon aus, dass diese öffentlichen Arenen und lokalen öffentlichen Orte der Kommunikation, der Verbindung, des Miteinanders – nicht erst pandemiebedingt – verloren gehen. Diese Verluste bleiben nicht folgenlos. Nahezu die Hälfte der deutschen Bevölkerung sieht den gesellschaftlichen Zusammenhalt in Gefahr. Viele verlieren das Vertrauen in die Demokratie und ihre Institutionen. Zugangs- und Teilhabemöglichkeiten fehlen vor allem für diejenigen, die sie am dringlichsten brauchen. Soziale Milieus bleiben zunehmend »unter sich«. Aber Gemeinsinn und Kohäsion sind die Voraussetzung dafür, dass die Normenwelt des Grundgesetzes mit demokratischem Leben gefüllt wird. Es geht nicht um Verfahrensfragen, sondern um Praxisformen des Sozialen. Die öffentlichen Institutionen werden halten, aber überleben die Sozialen Orte? Überleben sie im Allgemeinen und ganz konkret: überleben die Sozialen Orte die pandemische Krise, die wir in einer großangelegten, mehrjährigen Studie in ausgewählten Regionen untersucht haben?

Es ist jedenfalls klar, dass die Vulnerabilität des sozialen Gefüges, die durch die Pandemie offengelegt wurde – in der Arbeitswelt, in der Bildung, im Gesundheitswesen, in den Familien – mehr denn je Soziale Orte braucht, die im lokalen und kommunalen Kontext Infrastrukturen des Zusammenhalts ermöglichen. Soziale Orte halten dabei lokale und überregionale Handlungsstrategien bereit, die für die pandemische Krise, aber auch darüber hinaus gültig sind. Sie stehen erstens für eine *kommunale und dezentrale Sichtweise der gesellschaftlichen Verhältnisse*. Soziale Fragen sind lokale Fragen, die von konkreten Orten her gedacht und angenommen werden müssen. Ohne urbane Zentren zu vernachlässigen, werden im Konzept der Sozialen Orte Kleinstadt, Dorf und ländlicher Raum aufgewertet. Für die gesellschaftliche Zukunft spielen sie bzw. die Menschen, die vor Ort leben, eine zentrale Rolle. Das Konzept der Sozialen Orte bekräftigt zweitens die *Notwendigkeit öffentlichen Engagements*. Die Vitalität der (lokalen) Demokratie hängt an der Leistungsfähigkeit von daseinsvorsorgenden Infrastrukturen, öffentlichen Gütern und Dienstleistungen in der Fläche. In unseren Studien sehen wir, wie Bürgersinn zu Gemeinsinn wird, wie geringe Investitionen große Wirkungen entfalten können, wie lokale Netze überregionale Ausstrahlung entwickeln. Drittens verteidigt das Soziale-Orte-Konzept *verfassungsrechtliche Grundprinzipien*, indem es die Vorgaben des Grundgesetzes für die soziale und demokratische Gestaltung des gesellschaftlichen Zusammenhalts aufgreift: die kohäsive Dimension der Freiheits- und Gleichheitsrechte, der kommunalen Selbstverwaltung und der flächendeckenden Infrastrukturgewährleistungen, der Gleichwertigkeit der Lebensverhältnisse und des Sozialstaatsgebots. Diese Verfassungsrechte, Verfassungsgüter und Verfassungsprinzipien des Grundgesetzes sind keine Luxusprodukte für bessere Zeiten, sondern *Leitgedanken für die demokratische Gestaltung unser Gesellschaft*. Es sind zentrale Verfassungserwartungen, die das Grundgesetz auch und gerade für Krisenzeiten formuliert. Damit wenden sie sich gegen Vorschläge einer Leuchtturmpolitik, die ernsthaft glaubt, man könne ein demokratisches Gemeinwesen betriebswirtschaftlich gestalten.[1] Wer unter der Fahne der Ökonomie mit simplen Parolen wie »Die Starken stärken« antritt, macht das Geschäft mit autoritären politischen Kräften, die auf Spaltung hoffen und jederzeit bereit sind, sie diskursiv und medial zu vertiefen. Und so steht das von uns vorgestellte Konzept schließlich viertens *für eine neue Kultur der Resilienz in Zeiten der Vulnerabilität*. Soziale Orte sind ein optimistisches Konzept, das auf die Ideen, die Initiativkraft und die Kompetenz der Menschen vor Ort vertraut. Auf diese Weise kommen soziale Bindungen ins Spiel, in denen familiäre, freundschaftliche und nachbarschaftliche Beziehungen eine wichtige Rolle spielen, aber ebenso das

1 Vgl. Leibniz-Institut für Wirtschaftsforschung Halle, Vereintes Land.

Angewiesensein auf öffentliche Infrastrukturen und Institutionen. Die Anpassungsfähigkeit an lokale Umstände wird wichtiger, ebenso das Schmieden neuer Akteursnetzwerke, aber auch die Hybridität Sozialer Orte. Sie sind weder staats- noch marktfixiert, sondern setzen auf Solidarität unterschiedlicher gesellschaftlicher Akteure und ihrer jeweiligen Stärken.

In *weiteren Forschungen* gilt es nun, Indikatoren zu entwickeln, die eine Verallgemeinerung des Konzeptes ermöglichen und deren Ergebnis eine neue Kartografie des sozialen Zusammenhalts ist: Der neue Blick und die Bewertung von Regionen im Sinne des Soziale-Ort-Konzepts führt zu einer vollkommen neuen Einordnung von Regionen. Statt eines Mappings von Verlust- und Gewinnregionen, der Kartografie von Migration und demografischem Wandel, finden sich auch in Schrumpfungsregionen sowohl resiliente Gemeinden mit der entsprechenden Selbstwirksamkeit als auch lebendige Kooperationszusammenhänge, die innovative Lösungen für neue Herausforderungen finden – sei es mit Blick auf die Digitalisierung oder auf das Zusammenleben mit Neuhinzugezogenen oder Geflüchteten. Umgekehrt lassen sich in Wachstumsregionen auch soziale und wirtschaftlich abstiegsgefährdete Stadtbezirke und Orte finden, die von Boom und neuem Wohlstand nichts zu spüren bekommen. Die neue Kartografie des sozialen Zusammenhalts soll Ressourcen und Potentiale aufzeigen, aber auch auf Schwachstellen und Unterstützungsbedarf von Gemeinden und Regionen hinweisen. So entwickelt sich über das Soziale-Orte-Konzept ein Ausgangspunkt für die »Behandlung« von Gemeinden im Sinne gleichwertigerer Lebensverhältnisse, der Stärkung gesellschaftlichen Zusammenhalts und dem Aufbau von Kooperationsbeziehungen zwischen starken und schwachen Kommunen. Des Weiteren erfordert das Konzept der Sozialen Orte eine Anpassung von Raumprogrammen auf bundes-, landes-, regional- und kommunalpolitischer Ebene. Es gilt, gesetzgeberisch und in finanzieller Hinsicht Voraussetzungen für Kommunen zu schaffen, um vor Ort Unterstützungsstrukturen für Soziale Orte zu halten und zu stärken, Teilhabe zu ermöglichen und damit regional und überregional gleichwertige(re) Lebensverhältnisse zu erreichen. Deshalb ist es so zentral, das Soziale-Orte-Konzept auch gesetzgeberisch im Herzen der kommunalen Gesamtplanung auszugestalten. Es sollte in § 1 Abs. 5 BauGB aufgenommen werden, der das Ziel einer nachhaltigen Gemeinde- und Stadtentwicklung formuliert. Es sind vor allem Soziale Orte, die (auch) in Zukunft die Nachhaltigkeit des gesellschaftlichen Zusammenhalts gewährleisten. Durch eine gesetzgeberische Verankerung in § 1 Abs. 5 BauGB können sie die arbeitsbezogenen, familiären, immobilen, infrastrukturellen, kommunikativen, ökonomischen und verkehrlichen Interessen von Dörfern und Städten als »örtliche Gemeinschaften« (Art. 28 Abs. 2 Satz 1 GG) integrieren. Auf dieser rechtlichen Grundlage können sodann schrumpfende und wachsende, zentrale und periphere Gemeinden mit Blick auf ihre ganz spezifischen Probleme und Ressourcen ihren Weg für die demokratische Gestaltung ihres gesellschaftlichen Zusammenhalts finden. Auf diese Weise wird auch durch das Soziale-Orte-Konzept das Zusammenwirken von Staat, Gemeinden, Wirtschaftsunternehmen und Zivilgesellschaft sichtbar. Auch die Verzahnung unterschiedlichster Gesellschaftsbereiche oder innerhalb von Ämtern wird nachvollziehbar und kann so für die Region gewinnbringend genutzt, intensiviert oder verbessert werden. Mit den Sozialen Orten etablieren sich auf diese Weise gerade auch in der Peripherie Unterstützungsstrukturen und Möglichkeitsräume für lokales Engagement in Regionen. Dieses Engagement wiederum ist eine elementare Voraussetzung für die Gestaltung und Stabilisierung neuer Infrastrukturen des Zusammenhalts. Eine wesentliche Botschaft unserer Forschungen zu Sozialen Orten ist daher: *Von der Peripherie lernen!* Dieser Lernprozess setzt freilich Sichtbarkeit voraus und erfordert die Kartierung von Orten des Zusammenhalts. Es braucht wissenschaftliche Aufmerksamkeit für das Unscheinbare und Nicht-Prominente, das aber lokale und regionale Wurzeln hat und auf dieser Grundlage wachsen kann.

Abbildungsverzeichnis

Literaturverzeichnis

Adriaans, Jule/Bohmann, Sandra/Liebig, Stefan/Priem, Maximilian/Richter, David: Soziale Folgen der COVID-19-Pandemie. Ergebnisse einer repräsentativen Befragung. Gutachten erstellt im Auftrag des Bundesministeriums für Arbeit und Soziales (BMAS). 6. Armuts- und Reichtumsbericht. Berlin 2020.

AHV NRW Magazin: »Wir brauchen soziale Orte zum Austausch unserer Menschlichkeit.«. Interview mit Aat Vos. Düsseldorf 2020, S. 90–91.

Akademie für Raumordnung und Landesplanung: Anforderungen an ein zukünftiges Zentrale-Orte-Konzept. Beispiele aus Hessen, Rheinland-Pfalz und dem Saarland. Positionspapier 92. Hannover 2013.

Albrech, Joachim/Fink, Philipp/Tiemann, Heinrich: Ungleiches Deutschland. Sozioökonomischer Disparitätenbericht 2015. Bonn 2016.

Allenby, Brad/Fink, Jonathan: Toward Inherently Secure and Resilient Societies. In: Science 309 (12.08.2005), S. 1034–1036.

Allmendinger, Jutta/Wetzel, Jan: Die Vertrauensfrage. Für eine neue Politik des Zusammenhalts. Berlin 2020.

Aly, Götz/Heim, Susanne: Vordenker der Vernichtung. Frankfurt 2013.

Anders, Kenneth/Fischer, Lars: Auf der Suche nach einer neuen Sesshaftigkeit, Oderaue 2015.

Arant, Regina/Dragolov, Georgi/Boehnke, Klaus: Sozialer Zusammenhalt in Deutschland 2017 (Radar gesellschaftlicher Zusammenhalt). Gütersloh 2017.

Arndt, Moritz/Buschbom, Kai/Neu, Claudia/Nikolic, Ljubica/Reingen, Helena/Simmank, Maike/Vogel, Berthold/Wicklow, Dagmar: Soziale Orte – Ein Konzept zur Stärkung lokalen Zusammenhalts. Hg. von der Friedrich-Ebert-Stiftung. Bonn 2020.

Baade, Kristina/Berger, Peter A./Buchsteiner, Martin/Ewald, Anne/Fischer, Ralf/Fülkell, Diana/Geister, Sandro/Gruber, Iris/Henning, Sven/Holtermann, Daniel/Ickert, Hannes/Kiwall, Christian/Klafehn, Stefan/Neu, Claudia/Pilch, Stephan Christof/Sanne, Nora/Schröder, Marlen/Soltow, Cathleen/Tietje, Olaf/Völkner, Christian/Zuppa, Matthias: Daseinsvorsorge im peripheren ländlichen Raum – am Beispiel der Gemeinde Galenbeck. Hg. vom Ministerium für Landwirtschaft, Umwelt und Verbraucherschutz Mecklenburg-Vorpommern. Schwerin 2007.

Barlösius, Eva: Dörflichkeit? Theoretische und empirische Reflexionen über einen heterodoxen Begriff. In: Zeitschrift für Agrargeschichte und Agrarsoziologie (ZAA) 66 (2018), S. 55–68.

Battis, Ulrich: Öffentliches Baurecht und Raumordnungsrecht. 7. Auflage. Stuttgart 2017.

Battis, Ulrich/Kersten, Jens: Die Raumordnung nach der Föderalismusreform. In: Deutsches Verwaltungsblatt (DVBl.) 2007, S. 152–159.

Battis, Ulrich/Krautzberger, Michael/Löhr, Rolf-Peter: BauGB. Baugesetzbuch. Kommentar. 14. Auflage. München 2019.

Becker, Ulrich: Neuere Entwicklung der Alterssicherungssysteme in Europa – Reformen, Resilienz und rechtliche Aufarbeitung. In: Zeitschrift Deutsche Rentenversicherung (DRV) 2014, S. 159–177.

Becker, Ulrich/Kersten, Jens: Demokratie als optimistische Staatsform. Zehn Fragen zur Flüchtlingskrise. In: Neue Zeitschrift für Verwaltungsrecht (NVwZ) 2016, S. 580–584.

Becker, Ulrich/Kersten, Jens: Phänomenologie des Verfassungswandels. Eine verfassungstheoretische und rechtsdogmatische Perspektiverweiterung anlässlich der demografischen Entwicklung. In: Archiv des öffentlichen Rechts (AöR) 141 (2016), S. 1–39.

Berger, Peter A./Klärner, Andreas/Knabe Andre/Carnein, Marie/Fischer, Hagen/Prochatzki Katja/Land Rainer/Willisch, Andreas: Aspekte der Armut in Mecklenburg-Vorpommern. Forschungsbericht im Auftrag der Arbeiterwohlfahrt Mecklenburg-Vorpommern. Schwerin 2015.

Blien, Uwe/Phan thi Hong, Van/Auer, Ludwig von/Weinand, Sebastian: Wächst die Kluft zwischen den Regionen? IAB-Forum. Nürnberg 2019.

Blotevogel, Hans Heinrich (Hg.): Fortentwicklung des Zentrale-Orte-Konzepts. Hannover 2002.

Blotevogel, Hans Heinrich: Zentrale Orte. In: Akademie für Raumforschung und Landesplanung (Hg.), Handwörterbuch der Raumordnung. Hannover 2005, S. 1307–1315.

Böger, Anne/Wetzel, Martin/Huxhold, Oliver: Allein unter vielen oder zusammen ausgeschlossen. Einsamkeit und wahrgenommene soziale Exklusion in der zweiten Lebenshälfte. In: Katharina Mahne/Julia K. Wolff/Julia Simonson/Clemens Tesch-Römer (Hg.), Altern im Wandel. Wiesbaden 2017, S. 273–285.

Böhnke, Petra: Are the poor socially integrated? In: Journal of European Social Policy (J. Eur. Soc. Policy) 18 (2008), S. 133–150.

Böhnke, Petra: Mittendrin und trotzdem draußen? Soziale Ungleichheit in Deutschland. In: WZB-Mitteilung 110. Berlin 2015, S. 34–37.

Böhnke, Petra/Kersten, Jens/Klenk, Tanja/Neu, Claudia/Vogel, Berthold: Der Wert der öffentlichen Güter. Bericht der »Kommission Öffentliche Güter« der Heinrich-Böll-Stiftung. Hg. von der Heinrich-Böll-Stiftung. Schriften zu Wirtschaft und Soziales. Band 15. Berlin 2015.

Böhnke, Petra/Link, Sebastian: Armut, soziale Netzwerke und Partizipation. In: Petra Böhnke/Jörg Dittmann/Jan Goebel (Hg.), Handbuch Armut. Ursachen, Trends, Maßnahmen. Stuttgart 2018, S. 247–257.

Brand, Thorsten/Follmer, Robert/Unzicker, Kai: Gesellschaftlicher Zusammenhalt in Deutschland 2020. Eine Herausforderung für uns alle. Hg. von der Bertelsmann Stiftung. Gütersloh 2020.

Brettschneider, Antonio/Leitner, Sigrid/Schütte, Johannes/Hilke, Maren/Jehles, Nora/Pullen, Armin/Schäfer, Stefan: Qualitative Untersuchung von subjektiven Ausprägungen und Dynamiken sozialer Lagen. Gutachten im Rahmen des 6. Armuts- und Reichtumsbericht. Köln 2020.

Brückner, Heike: Instrumente der räumlichen Planung für ein Soziale Orte Konzept. Raumplanerische Expertise im Rahmen des BMBF-Projekts Das Soziale-Orte-Konzept. Dessau-Roßlau 2020.

Bude, Heinz: Solidarität. München 2019.

Buecker Susanne/Denissen, Jaap/Luhmann, Maike: A propensity-score matched study of changes in loneliness surrounding major life events. In: Journal of Personality and Social Psychology (J Pers Soc Psychol) 10/2020.

Buecker, Susanne/Ebert, Tobias/Götz, Friedrich M./Entringer Theresa M./Luhmann, Maike: In a Lonely Place. Investigating Regional Differences in Loneliness. In: Social Psychological and Personality Science (SPPS) 2020 (https://doi.org/10.1177/1948550620912881).

Bundesinstitut für Bau-, Stadt- und Raumforschung (BBSR): Raumordnungsbericht 2011. Bonn 2012.

Bundesinstitut für Bau-, Stadt- und Raumforschung (BBSR): Raumordnungsbericht 2017. Bonn 2017.

Bundesministerium des Innern: Jedes Alter zählt. Demografiestrategie der Bundesregierung. Berlin 2012.

Bundesministerium des Innern, für Bau und Heimat (BMI): Deutschlandatlas. Berlin (https://www.deutschlandatlas.bund.de/).

Bundesministerium des Innern, für Bau und Heimat (Hg.): Unser Plan für Deutschland – Gleichwertige Lebensverhältnisse überall. Berlin 2019.

Bundesministerium des Innern: Demografiebericht. Berlin 2011.

Bundesministerium für Arbeit und Soziales (BMAS): Lebenslagen in Deutschland, 6. Armuts- und Reichtumsbericht. Berlin 2021.

Bundesministerium für Landwirtschaft und Ernährung (BMEL): Thünen-Landatlas, Berlin (https://www.landatlas.de/).

Bundesministerium für Verkehr, Bau- und Wohnungswesen (BMVBW)/Bundesamt für Bauwesen und Raumordnung (BBR) (Hg.): Öffentliche Daseinsvorsorge und demographischer Wandel. Berlin/Bonn 2005.

Burgi, Martin: Kommunalrecht. 9. Auflage. München 2019.

Christaller, Walter: Die zentralen Orte in Süddeutschland. Eine ökonomisch-geographische Untersuchung über die Gesetzmäßigkeit der Verbreitung und Entwicklung der Siedlungen mit städtischen Funktionen (1933). Nachdruck. Darmstadt 1968.

Christmann, Gabriela B.: Wie man soziale Innovationen in strukturschwachen ländlichen Räumen befördern kann. IRS Dialog (5) 2020. Erkner 2020.

Decker, Frank/Best, Volker/Fischer, Sandra/Küppers, Anne: Vertrauen in Demokratie. Wie zufrieden sind die Menschen in Deutschland mit Regierung, Staat und Politik? Bonn 2019.

Deppisch, Larissa: »Gefühle des Abgehängtseins« – ein Angstdiskurs. In: Susanne Martin/Thomas Linpinsel (Hg.), Angst in Kultur und Politik der Gegenwart. Kulturelle Figurationen: Artefakte, Praktiken, Fiktionen. Wiesbaden 2020, S. 179–203.

Deutscher Bundestag: Bericht der Enquete Kommission Bürgerschaftliches Engagement »Zukunft des Bürgerschaftlichen Engagements«. Bundestag-Drucksache 14/8900. Berlin 2002.

D'Hombres, Beatrice/Barjaková, Martina/Schnepf, Sylke: Loneliness and Social Isolation: An Unequally Shared Burden in Europe. IZA Discussion Paper. Bonn 2021.

D'Hombres, Beatrice/Schnepf, Sylke/Barjaková, Martina/Mendonça, Francisco: Loneliness – an unequally shared burden in Europe. Hg. von der Europäischen Kommission. Brüssel 2018.

Doehler-Behzadi, Marta: Stadt, Land, Landschaft. In: Werner Nell/Marc Weiland (Hg.), Gutes Leben auf dem Land? Imaginationen und Projektionen vom 18. Jahrhundert bis zur Gegenwart. Bielefeld 2021, S. 593–618.

Doemming, Klaus-Berto von/Füsslein, Rudolf Werner/Matz, Werner: Entstehungsgeschichte der Artikel des Grundgesetzes. In: Jahrbuch des öffentlichen Rechts (JöR) 1 (1951), S. 1–941.

Dörre, Klaus: »Land zurück!« Arbeiter, Abwertung, AfD. In: WSI-Mitteilungen 72 (2019), S. 168–176.

Dragolov, Georgi/Ignacz, Zsófia/Lorenz, Jan/Delhey, Jan/Boehnke, Klaus: Radar gesellschaftlicher Zusammenhalt – messen was verbindet. Hg. von der Bertelsmann Stiftung. Gütersloh 2014.

Dürig, Günter/Herzog, Roman/Scholz, Rupert: Grundgesetz. Kommentar, 87. Auflage. München 2019.

Durkheim, Émile: Über soziale Arbeitsteilung. Studie über die Organisation höherer Gesellschaften. Frankfurt am Main 1988.

Ellwein, Thomas/Zoll, Ralf: Die Wertheim-Studie. Opladen 2003.

Entringer, Theresa: Einsamkeit in der Corona-Krise. Interview. zdf heute, 03.04.2021.

Entringer, Theresa/Kröger, Hanns: Weiterhin einsam und weniger zufrieden – Die Covid-19-Pandemie wirkt sich im zweiten Lockdown stärker auf das Wohlbefinden aus. DIW aktuell 67/2021. Berlin 2021.

Europäische Union: Die öffentliche Meinung in der Europäischen Union. Nationaler Bericht. Deutschland. Brüssel 2021.

Eyerund, Theresa/Orth, Anja Katrin: Einsamkeit in Deutschland: aktuelle Entwicklung und soziodemographische Zusammenhänge. IW-report 22. Köln 2019.

Faus, Jana/Hartl, Matthias/Unzicker, Kai: 30 Jahre deutsche Einheit. Gesellschaftlicher Zusammenhalt im vereinten Deutschland. Hg. von der Bertelsmann Stiftung. Gütersloh 2020.

Fink, Philipp/Hennicke, Martin/Tiemann, Heinrich: Ungleiches Deutschland. Sozioökonomischer Disparitätenbericht 2019. Bonn 2019.

Frech, Siri/Scurell, Babette/Willisch, Andreas: Neuland gewinnen. Die Zukunft in Ostdeutschland gestalten. Berlin 2017.

Fuest, Clemens/Immel, Lea: Ein zunehmend gespaltenes Land? Regionale Einkommensunterschiede und die Entwicklung des Gefälles zwischen Stadt und Land sowie West- und Ostdeutschland. ifo Schnelldienst 72 (2019) (16), S. 19–28.

Grimm, Natalie/Kaufhold, Ina/Rüb, Stefan/Vogel, Berthold: Die Praxis des Zusammenhalts in Zeiten gesellschaftlicher Verwundbarkeit. Soziologische Perspektiven auf Arbeit, Haushalt und öffentliche Güter. In: Nicole Deitelhoff/Olaf Groh-Samberg/Matthias Middell (Hg.), Gesellschaftlicher Zusammenhalt – Ein interdisziplinärer Dialog. Frankfurt/New York 2020, S. 316–332.

Grimm, Robert/Raffelhüschen, Bernd: Deutsche Post Glücksatlas 2020. München 2020.

Groh-Samberg, Olaf/Büchler, Theresa/Gerlitz, Jean-Yves: Soziale Lagen in multidimensionaler Längsschnittbetrachtung. Begleitforschung zum 6. Armuts- und Reichtumsbericht. Berlin 2021.

Gropp, Reint E.: Miese Luft bei bester Oper. In: Frankfurter Allgemeine Zeitung (FAZ), 26.11.2018, S. 16.

Gusy, Christoph: Die Weimarer Reichsverfassung. Tübingen 1997.

Gusy, Christoph: Resilient Societies – Staatliche Katastrophenschutzverantwortung und Selbsthilfefähigkeit der Gesellschaft. In: Dirk Heckmann/Ralf P. Schenke/Gernot Sydow (Hg.), Verfassungsstaatlichkeit im Wandel, Festschrift für Thomas Würtenberger. Berlin 2013, S. 995–1010.

Häußermann, Hartmut: Global, lokal, sozial. In: Uwe-Jens Walther (Hg.), Soziale Stadt – Zwischenbilanzen. Ein Programm auf dem Weg zur Sozialen Stadt? Wiesbaden 2002, S. 71–84.

Häußermann, Hartmut/Siebel, Walter: Stadtsoziologie. Eine Einführung. Frankfurt 2004.

Hartmann, Bernd J./Jansen, Stefan: Die Gleichwertigkeit der Lebensverhältnisse als Verfassungsgebot. In: Der Staat 58 (2019), S. 243–273.

Heisterkamp, Lucia/Sußebach, Henning: 18 Stockwerke Stigma. In: Die Zeit, 09.06.2020.

Helbig, Marcel/Jähnen, Stefanie: Wie brüchig ist die soziale Architektur unserer Städte? Trends und Analysen der Segregation in 74 deutschen Städten. WZB-Discussion Paper. Berlin 2018.

Helbig, Marcel/Salomo, Katja: Eine Stadt – getrennte Welten? Hg. von der Heinrich-Böll-Stiftung. Berlin 2021.

Hillje, Johannes: Rückkehr zu den politisch Verlassenen: Gespräche in rechtspopulistischen Hochburgen in Deutschland und Frankreich. Berlin 2018.

Hillmann, Felicitas/Alpermann, Hendrikje: Kulturelle Vielfalt in Städten. Fakten – Positionen – Strategien. Hg. von der Bertelsmann Stiftung. Gütersloh 2018.

Hochschild, Arlie Russel: Fremd in ihrem Land. Eine Reise ins Herz der amerikanischen Rechten. Frankfurt 2017.

Hüther, Michael/Südekum, Jens/Voigtländer, Michael (Hg.): Die Zukunft der Regionen in Deutschland. Zwischen Vielfalt und Gleichwertigkeit, Institut der Deutschen Wirtschaft. Köln 2019.

Hufen, Friedhelm: Staatsrecht II. Grundrechte. 6. Auflage. München 2017.

Huxhold, Oliver/Tesch-Römer, Clemens: Einsamkeit steigt in der Corona-Pandemie bei Menschen im mittleren und hohen Erwachsenenalter gleichermaßen deutlich. DZA aktuell (4) 2021. Berlin 2021.

Jarass, Hans D./Pieroth, Bodo: GG. Grundgesetz für die Bundesrepublik Deutschland. Kommentar. 15. Auflage. München 2018.

Jeggle, Utz/Ilien, Albert: Die Dorfgemeinschaft als Not- und Terrorzusammenhang. Ein Beitrag zur Sozialgeschichte des Dorfes und Sozialpsychologie seiner Bewohner. In: Hans-Georg Wehling (Hg.), Dorfpolitik. Fachwissenschaftliche Analysen und didaktische Hilfen. Opladen 1978, S. 38–53.

Kästner, Erich: Kurz und bündig. Zürich 1986.

Kahl, Wolfgang: »Gleichwertige Lebensverhältnisse« und Grundgesetz. Eine kritische Analyse. Heidelberg 2016.

Kaufmann, Franz-Xaver: Herausforderungen des Sozialstaates. Frankfurt am Main 1998.

Kausmann, Corinna/Burkhardt, Luise/Rump, Boris/Kelle, Nadiya/Simonson, Julia/Tesch-Römer, Clemens: Zivilgesellschaftliches Engagement. In: Holger Krimmer (Hg.), Datenreport Zivilgesellschaft. Wiesbaden 2019, S. 55–91.

Kegler, Karl R.: Deutsche Raumplanung. Das Modell der »Zentralen Orte« zwischen NS-Staat und Bundesrepublik. Paderborn 2015.

Kersten, Jens: Abschied von der Gleichwertigkeit der Lebensverhältnisse – Der »wirtschaftliche, soziale und territoriale Zusammenhalt« als neue Leitvorstellung für die Raumplanung –. In: Umwelt- und Planungsrecht (UPR) 2006, S. 245–252.

Kersten, Jens: Baurecht. In: Friedrich Schoch (Hg.), Besonderes Verwaltungsrecht. München 2018, S. 427–626.

Kersten, Jens: Das Anthropozän-Konzept. Kontrakt – Komposition – Konflikt. Baden-Baden 2014.

Kersten, Jens: Demographie als Verwaltungsaufgabe. In: Die Verwaltung 40 (2007), S. 309–345.

Kersten, Jens: Die Entwicklung des Konzepts der Daseinsvorsorge im Werk von Ernst Forsthoff. In: Der Staat 44 (2005), S. 543–569.

Kersten, Jens: Die Öffnung der Schulen zur Stadt. In: Recht der Jugend und des Bildungswesens (RdJB) 2008, S. 84–94.

Kersten, Jens: Nachhaltigkeit und Städtebau. In: Wolfgang Kahl (Hg.), Nachhaltigkeit als Verbundbegriff. Tübingen 2008, S. 396–422.

Kersten, Jens: Segregation in der Schule. In: Die öffentliche Verwaltung (DÖV) 2007, S. 50–58.

Kersten, Jens: Veränderung von Verfassung und Verwaltung durch Wissen – am Beispiel des demographischen Wandels. In: Gunnar Folke Schuppert/Andreas Voßkuhle (Hg.), Governance von und durch Wissen. Baden-Baden 2008, S. 189–201.

Kersten, Jens/Neu, Claudia/Vogel, Berthold: Bürokratie für die Demokratie? Die Max-Weber-Welt in der Flüchtlings- und Migrationskrise. In: Verwaltungsarchiv (VerwArch) 107 (2016), S. 418–445.

Kersten, Jens/Neu, Claudia/Vogel, Berthold: Das Soziale-Orte-Konzept. Ein Beitrag zur Politik des sozialen Zusammenhalts. In: Umwelt- und Planungsrecht (UPR) 2017, S. 50–56.

Kersten, Jens/Neu, Claudia/Vogel, Berthold: Demografie und Demokratie. Zur Politisierung des Wohlfahrtsstaates. Hamburg 2012.

Kersten, Jens/Neu, Claudia/Vogel, Berthold: Die demografische Provokation der Infrastrukturen. In: Leviathan 40 (2012), S. 563–590.

Kersten, Jens/Neu, Claudia/Vogel, Berthold: Gleichwertige Lebensverhältnisse – für eine Politik des Zusammenhalts. In: Aus Politik und Zeitgeschichte (APuZ) 46/2019, S. 4–11.

Kersten, Jens/Neu, Claudia/Vogel, Berthold: Lichtungen sozialer und räumlicher Strukturen. In: Kirche im ländlichen Raum 2013 (1), S. 4–7.

Kersten, Jens/Neu, Claudia/Vogel, Berthold: Politik des Zusammenhalts. Über Demokratie und Bürokratie. Hamburg 2019.

Kersten, Jens/Rixen, Stephan: Der Verfassungsstaat in der Corona-Krise. 2. Auflage. München 2021.

Köcher, Renate: Große Herausforderung im Osten. Eine Dokumentation des Beitrags »Das ostdeutsche Identitätsgefühl. In Ostdeutschland verstärkt sich das Empfinden, abgehängt zu sein. Das schlägt sich in den Parteipräferenzen nieder.«. In: Frankfurter Allgemeine Zeitung (FAZ), 24.07.2019, S. 8.

Krätschmer-Hahn, Rabea: Verbindlichkeit. In: Maya Becker/Rabea Krätschmer-Hahn (Hg.), Fundamente sozialen Zusammenhalts – Mechanismen und Strukturen gesellschaftlicher Prozesse. Frankfurt 2010, S. 58–69.

Krause, Laura-Kristine/Gagné, Jérémie: Die andere deutsche Teilung. Zustand und Zukunftsfähigkeit unserer Gesellschaft. Hg. von More in Common. Berlin 2019.

Krause, Laura-Kristine/Gagné, Jérémie/Höltmann, Gesine: Vertrauen, Demokratie, Zusammenhalt. Wie unterschiedlich Menschen in Deutschland die Corona-Pandemie erleben. Hg. von More in Common. Berlin 2020.

Kreditanstalt für Wiederaufbau (KfW): Schulen als soziale Orte der Zusammenkunft (https://www.kfw-entwicklungsbank.de/Internationale-Finanzierung/KfW-Entwicklungsbank/News/News-Details_267714.html).

Krimmer, Holger: Konturen und Strukturwandel der organisierten Zivilgesellschaft. In: Forschungsjournal Soziale Bewegungen 31 (2018), S. 195–203.

Küpper, Beate: Das Denken der Nichtwählerinnen und Nichtwähler. Hg. von der Friedrich-Ebert-Stiftung. Bonn 2017.

Küpper, Patrick/Peters, Jan Cornelius: Entwicklung regionaler Disparitäten hinsichtlich Wirtschaftskraft, sozialer Lage sowie Daseinsvorsorge und Infrastruktur in Deutschland und seinen ländlichen Räumen. Thünen Report Nr. 66. Braunschweig 2019.

Langhagen-Rohrbach, Christian: Raumordnung und Raumplanung. Darmstadt 2005.

Laschewski, Lutz/Neu, Claudia/Fock, Theodor/Carnein, Marie/Plötner, Marita/Kriewald, Vivien/Wahl, Detlef/Friedrich, Franziska: Das aktive und soziale Dorf. Hg. vom Ministerium für Ernährung, Landwirtschaft, Forsten und Fischerei Mecklenburg-Vorpommern. Schwerin 2006.

Leibniz-Institut für Wirtschaftsforschung Halle (IWH) (Hg.): Vereintes Land – drei Jahrzehnte nach dem Mauerfall. Halle 2019.

Lepsius, Oliver: Verfassungsrechtlicher Rahmen der Regulierung. In: Michael Fehling/Matthias Ruffert (Hg.), Regulierungsrecht. Tübingen 2010, § 4, Satz 143–211.

Luhmann, Maike/Hawkley, Louise C.: Age Differences in Loneliness From Late Adolescence to Oldest Old Age. In: Developmental Psychology (Dev. Psychol.) 52 (2016), S. 943–959.

Macdonald, Sharon: Du schon wieder. In: Institut für Auslandsbeziehungen (Hg.), Kulturaustausch, Ausgabe 11/2012, S. 24–25.

Mangoldt, Hermann von/Klein, Friedrich/Starck, Christian: GG. Kommentar zum Grundgesetz. 7. Auflage. München 2018.

Manow, Philip: Die Politische Ökonomie des Populismus. Berlin 2019.

Marszałek, Magdalena/Nell, Werner/Weiland, Marc: Über Land. Aktuelle literatur- und kulturwissenschaftliche Perspektiven auf Dorf und Ländlichkeit. Bielefeld 2018.

Marx, Karl/Engels, Friedrich: Manifest der Kommunistischen Partei. In: Marx-Engels-Werke. 4. Band. Berlin 1990.

Mautz, Rüdiger: Auswertung und Analyse im Rahmen des Projekts »Das Soziale Orte Konzept«. Göttingen 2020 (unveröffentlicht).

Mautz, Rüdiger: Bürgerschaftliches Engagement als Impulsgeber sozialen Zusammenhalts – Soziale Orte als Perspektive. In: Berthold Vogel/Maike Simmank (Hg.), Zusammenhalt als lokale Frage. Vor Ort in Saalfeld-Rudolstadt. Baden-Baden 2022 (im Erscheinen).

Mautz, Rüdiger/Reingen-Eifler, Helena/Vogel, Berthold: Zusammenhalt durch Soziale Orte. Neue Perspektiven für den ländlichen Raum. In: Nils Goldschmidt/Marco Rehm (Hg.), Soziale Nachhaltigkeit in der Region. Marktwirtschaftliche Reformpolitik, Band 18, 2021 (im Erscheinen).

Medin, Joakim: Segregation tötet. Friedrich-Ebert-Stiftung. 07.04.2020 (https://www.fes.de/themenportal-flucht-migration-integration/artikelseite-flucht-migration-integration/segregation-toetet).

Möller, Andreas: Siedlungsrückbau in den neuen Ländern nach Stadtumbau- und Sanierungsrecht. Berlin 2006.

Münch, Ingo von/Kunig, Philip (Hg.): Grundgesetz. Kommentar. 6. Auflage. München 2012.

Nachtwey, Oliver/Schäfer, Robert/Frei, Nadine: Politische Soziologie der Corona-Proteste. Grundauswertung. 17.12.2020. Basel 2020.

Nell, Werner/Weiland, Marc (Hg.): Gutes Leben auf dem Land? Imaginationen und Projektionen vom 18. Jahrhundert bis zur Gegenwart. Bielefeld 2021.

Neu, Claudia: Akteure der Neuen Dörflichkeit. In: Zeitschrift für Agrargeschichte und Agrarsoziologie (ZAA) 66 (2018) (2), S. 11–22.

Neu, Claudia (Hg.): Das Soziale-Orte-Konzept. Neue Infrastrukturen für gesellschaftlichen Zusammenhalt. Magazin. Göttingen 2020.

Neu, Claudia: Daseinsvorsorge und Bürgerpartizipation. In: Geographische Rundschau (GR) 63 (2011), S. 44–49.

Neu, Claudia: Daseinsvorsorge und territoriale Ungleichheit. In: Claudia Neu (Hg.), Daseinsvorsorge. Eine gesellschaftswissenschaftliche Annäherung. Wiesbaden 2009, S. 80–96.

Neu, Claudia: Ländliche Räume und Daseinsvorsorge – Bürgerschaftliches Engagement und Selbstaktivierung. In: Frieder Dünkel/Michael

Herbst/Thomas Schlegel (Hg.), Think Rural. Dynamiken des Wandels in peripheren ländlichen Räumen und ihre Implikationen für die Daseinsvorsorge. Wiesbaden 2014, S. 117–124.

Neu, Claudia: »Soziale Orte« – Basis einer Politik des Zusammenhalts. In: Bundesverband Mobile Beratung e. V. (BMB) (Hg.), Was blüht dem Dorf? Dresden 2019, S. 16–29.

Neu, Claudia: Territoriale Ungleichheit – eine Erkundung. In: Aus Politik und Zeitgeschichte (APuZ) 37 (2006), S. 8–15.

Neu, Claudia/Müller, Fabian: Einsamkeit, Gutachten für den SoVD. Berlin 2020.

Neu, Claudia/Nikolic, Ljubica: Mythos Gemeinschaft? Vom sozialen Zusammenhalt in ländlichen Räumen. In: Christian Krajewski/Claus-Christian Wiegandt (Hg.), Land in Sicht. Bonn 2020, S. 170–183.

Neu, Claudia/Nikolic, Ljubica: Soziale Orte in Zeiten der Pandemie. In: Hessische Blätter für Volks- und Kulturforschung 2021 (im Erscheinen).

Neu, Claudia/Riedel, Lukas/Stichnoth, Holger: Gesellschaftliche und regionale Bedeutung von Daseinsvorsorge sowie der Versorgung mit Dienstleistungen und Infrastruktur. Begleitforschung im Rahmen des 6. Armuts- und Reichtumsbericht. Hg. vom Bundesministerium für Arbeit und Soziales (BMAS). Berlin 2020.

Niedersächsisches Ministerium für Ernährung, Landwirtschaft und Verbraucherschutz: Konzept Modellvorhaben »Soziale Dorfentwicklung« in Niedersachsen. Hannover o. J.

Nikolic, Ljubica: Du schon wieder? Das Soziale-Orte-Konzept für mehr soziale Redundanz und gesellschaftlichen Zusammenhalt. In: Sozialer Fortschritt 68 (2019), S. 629–648.

Nikolic, Ljubica: Nebenan und doch so fern – Unterschiedliche Zusammenhaltsnarrative in Ost und West. In: Martin Brodowski/Heinz Stapf-Finé (Hg.), Sozialen Zusammenhalt stärken – Entstehung von demokratiefernen Einstellungen und Möglichkeiten sozialräumlicher Demokratieentwicklung. Leverkusen (im Erscheinen).

Nowossadeck, Sonja/Mahne, Katharina: Soziale Kohäsion in der Nachbarschaft. In: Katharina Mahne/Julia K. Wolff/Julia Simonson/Clemens Tesch-Römer (Hg.), Altern im Wandel. Wiesbaden 2017, S. 315–328.

OECD: Social Cohesion (https://www.oecd.org/dev/inclusivesocietiesanddevelopment/social-cohesion.htm).

Oldenburg, Ray: Great Good Place. New York 1989.

Osztovics, Walter/Kovar, Andreas/Fernsebner-Kokert, Bettina: Wir und die anderen. Arena Analyse 2018. Wien 2018.

Papier, Hans-Jürgen/Krönke, Christoph: Grundkurs Öffentliches Recht 2. Grundrechte. 3. Auflage. Heidelberg 2018.

Pennekamp, Johannes: Deutsche zufrieden wie vor der Krise. In: Frankfurter Allgemeine Zeitung (FAZ), 09.07.2021 (https://www.faz.net/aktuell/wirtschaft/trotz-corona-deutsche-zufrieden-wie-vor-der-krise-17430734.html).

Petermann, Sören: Persönliche Netzwerkressourcen als selektive soziale Anreize gemeinnützigen Engagements. In: Forschungsjournal Soziale Bewegung 30 (2017) (http://forschungsjournal.de/sites/default/files/fjsbplus/fjsb-plus_2017-4_petermann.pdf).

Petersen, Thomas: Selbstbewusste Ostdeutsche. Die deutsche Einheit macht langsame Fortschritte und ist eine Generationenfrage. Institut für Demoskopie Allensbach. In: Frankfurter Allgemeinen Zeitung (FAZ), 23.10.2020, S. 8.

Pieper, Janna Luisa: Frauen in der Landwirtschaft im Spannungsfeld zwischen Klimakrise und Existenzangst. Narrative der Abwehr. In: Deutsche Gesellschaft für Soziologie (Hg.), Gesellschaft unter Spannung. Kongressband (im Erscheinen).

Pieper, Jonas/Schneider, Ulrich/Schröder, Wiebke/Stilling, Gwendolyn: 30 Jahre Mauerfall – Ein Viergeteiltes Deutschland. Der Paritätische Armutsbericht. Berlin 2019.

Plessner, Helmuth: Grenzen der Gemeinschaft. Eine Kritik des sozialen Radikalismus. Frankfurt 2002.

Pollack, Detlef: Das unzufriedene Volk. Bielefeld 2020.

Priemer, Jana/Bischoff, Antje/Hohendanner, Christian/Krebstakies, Ralf/Rump, Boris/Schmitt, Wolfgang: Organisierte Zivilgesellschaft. In: Holger Krimmer (Hg.), Datenreport Zivilgesellschaft, Bürgergesellschaft und Demokratie. Wiesbaden 2019, S. 7–54.

Putnam, Robert: Bowling Alone. The Collapse and Revival of American Community. New York 2000.

Putnam, Robert: What Makes Democracy Work? In: National Civic Review 82 (1993) (2), S. 101–107.

Putnam Robert/Leonardi, Robert/Nanetti, Raffaella: Making Democracy Work. Civic Traditions in Modern Italy, Princeton 1993.

Reckwitz, Andreas: Die Gesellschaft der Singularitäten. Zum Strukturwandel der Moderne. 5. Auflage. Frankfurt 2018.

Reichel, Susanne: Gleichwertigkeit der Lebensverhältnisse. Verfassungsauftrag und Raumordnungsrecht. München 2009.

Reutlinger Christian/Stiehler, Steve/Lingg, Eva (Hg.): Soziale Nachbarschaften. Geschichte, Grundlagen, Perspektiven. Sozialraumforschung und Sozialraumarbeit. Wiesbaden 2015.

Rudolstadt blüht auf e. V. (http://www.rudolstadt-blueht-auf.de/).

Sächsisches Staatsministerium für Soziales und Gesellschaftlichen Zusammenhalt: Sachsen fördert Entstehung sozialer Orte und Orte der Demokratie in kleinen Kommunen oder Stadtvierteln. Pressemitteilung. Dresden 22.06.2021.

Schobin, Janosch: »Bei uns ist Einsamkeit sehr schambesetzt«. In: Deutschlandfunk Kultur, 13.03.2019.

Scholz, Olaf: Plädoyer für eine Gesellschaft des Respekts. In: Frankfurter Allgemeine Zeitung (FAZ), 01.03.2021, S. 6.

Schubert; Christof: Lokalpolitik, Verwaltung und Zivilgesellschaft in schrumpfenden ländlichen Gemeinden (Dissertation). Halle 2021.

Schultheis, Franz/Vogel, Berthold/Mau, Kristina (Hg.): Im öffentlichen Dienst. Kontrastive Stimmen aus einer Arbeitswelt im Wandel. Bielefeld 2014.

Schuster, Nina/Volkmann, Anne: Lebenschancen im Quartier. Lebensziele von Stadtteilbewohner(inne)n, ihre Ressourcen und Strategien, sich diese zu erfüllen. In: Raumforschung und Raumordnung 77 (2019), S. 401–415.

Simmank, Maike: Wohnen auf dem Land. Infrastrukturen für »gleichwertige Lebensverhältnisse«. In: Barbara Schönig/Lisa Vollmer (Hg.), Wohnungsfragen ohne Ende?! Ressourcen für eine soziale Wohnraumversorgung. Bielefeld 2020, S. 193–205.

Simmank, Maike/Vogel, Berthold: Das SOFI geht aufs Land. Impulse zum gleichwertigen Leben in ländlichen Räumen. Soziologisches Forschungsinstitut Göttingen (SOFI). Göttingen 2020.

Simonson, Julia/Kelle, Nadiya/Kausmann, Corinna/Karnick, Nora/Arriagada, Celine/Hagen, Christine/Hameister, Nicole/Huxold, Oliver/Tesch-Römer, Clemens: Freiwilliges Engagement in Deutschland. Zentrale Ergebnisse des Fünften Deutschen Freiwilligensurveys (FWS 2019). Hg. vom Bundesministerium für Familie, Senioren, Frauen und Jugend (BMFSFJ). Berlin 2021.

Simonson, Julia/Kelle, Nadiya/Kausmann, Corinna/Tesch-Römer, Clemens (Hg.): Freiwilliges Engagement in Deutschland – Der Deutsche Freiwilligensurvey 2019. Berlin 2021.

Simonson, Julia/Vogel, Claudia/Tesch-Römer, Clemens (Hg.): Tabellenhang. Freiwilliges Engagement in Deutschland – Der Deutsche Freiwilligensurvey 2014. Wiesbaden 2017.

Sixtus, Frederick/Slupina, Manuel/Sütterlin, Sabine/Amberger, Julia/Klingholz, Reiner: Teilhabeatlas Deutschland. Hg. vom Berlin-Institut für Bevölkerung und Entwicklung. Berlin 2019.

Spangler, Gottfried/Bovenschen, Ina: Bindung und Bindungserfahrungen. Konsequenzen für Resilienz und Vulnerabilität im kritischen familiären Kontext. In: Familie Partnerschaft Recht (FPR) 2013, S. 203–207.

Spannowsky, Willy/Runkel, Peter/Goppel, Konrad: ROG. Raumordnungsgesetz. Kommentar. 2. Auflage. München 2018.

SPD Landtagsfraktion: Sachsen stärken – Gemeinsam aus der Krise. Ergebnisse des Koalitionsausschusses vom 23. Juni 2020. Dresden 2020 (https://www.spd-sachsen.de/wp-content/uploads/2020/06/2020-06-23-Koalitionsausschuss-Ergebnis.pdf).

Stapf-Finé, Heinz: Beitrag zu einer prozess- und ergebnisorientierten Demokratietheorie. In: Martin Brodowski/Heinz Stapf-Finé (Hg.), Sozialen Zusammenhalt stärken – Entstehung von demokratiefernen Einstellungen und Möglichkeiten sozialräumlicher Demokratieentwicklung. Leverkusen (im Erscheinen).

Stapf-Finé, Heinz: Handlungsempfehlungen für Politik, Verwaltung und Zivilgesellschaft. In: Heinz Stapf-Finé (Hg.), Demokratienähe und -distanz. Das Forschungsprojekt Demokratieferne Einstellungen in einer Kommune. Berlin 2019, S. 187–215.

Statistisches Bundesamt: Datenreport 2021. Wiesbaden 2021.

Stern, Klaus: Das Staatsrecht der Bundesrepublik Deutschland. 2. Band. München 1980.

Stolleis, Michael: Geschichte des öffentlichen Rechts in Deutschland. 4. Band. Staats- und Verwaltungsrechtswissenschaft in West und Ost. 1945–1990. München 2012.

Strachwitz, Rupert Graf/Priller, Eckhard/Triebe, Benjamin: Handbuch Zivilgesellschaft. Bonn 2020.

Tocqueville, Alexis de: Über die Demokratie in Amerika. Ditzingen 1985.

Tönnies, Ferdinand: Gemeinschaft und Gesellschaft. Leipzig 1887.

Tutt, Cordula: Das große Schrumpfen. Berlin 2007.

Unzicker, Kai/Follmer, Robert/Brand, Thorsten/Hölscher, Jana: Zusammenhalt in Zeiten von Corona. Die stabile Basis droht zu bröckeln. Hg. von der Bertelsmann Stiftung. Gütersloh 2021.

Vogel, Berthold: Die Staatsbedürftigkeit der Gesellschaft. Hamburg 2007.

Vogel, Berthold: Gemeinwohl und öffentliche Güter. Eine Skizze in soziologischer Hinsicht. In: Marianne Heimbach-Steins/Matthias Möhring-Hesse/Sebastian Kistler/Walter Lesch (Hg.), Globales Gemeinwohl. Sozialwissenschaftliche und sozialethische Analysen. Paderborn 2020, S. 177–183.

Vogel, Berthold: Schrumpfende Regionen. Ein ostdeutsches Schicksal? In: Bundeszentrale für politische Bildung (Hg.), Lange Wege der Deutschen Einheit. Bonn 2020 (https://www.bpb.de/geschichte/deutsche-einheit/lange-wege-der-deutschen-einheit/47550/schrumpfende-regionen).

Vogel, Berthold: Wie geht es weiter in Dorf und Kleinstadt? Demografische Provokationen und neue Konflikte um Daseinsvorsorge. In: Georgia Augusta 10/2017, S. 16–27.

Vogel, Berthold: Wohlfahrtstaatliche Daseinsvorsorge und soziale Ungleichheit. In: Claudia Neu (Hg.), Daseinsvorsorge. Eine gesellschaftswissenschaftliche Annäherung. Wiesbaden 2009, S. 67–79.

Vogel, Berthold: Wohlstandskonflikte. Soziale Fragen, die aus der Mitte kommen. Hamburg 2009.

Voßkuhle, Andreas: Der Sozialstaat in der Rechtsprechung des Bundesverfassungsgerichts. In: Sozialgerichtsbarkeit (SGb) 2011, S. 181–186.

Weber, Max: Wirtschaft und Gesellschaft. Grundriss der verstehenden Soziologie. Tübingen 1972.

Weiland, Marc: Böse Bücher aus der Provinz. Der Anti-Heimatroman und das aktuelle Erzählen über Land. In: Zeitschrift für Germanistik 2 (2020), S. 326–344.

Weingarten, Peter/Steinführer, Annett: Daseinsvorsorge, gleichwertige Lebensverhältnisse und ländliche Räume im 21. Jahrhundert. In: Zeitschrift für Politikwissenschaft (ZPol) 30 (2020), S. 653–665.

Wiebicke, Jürgen: Zu Fuß durch ein nervöses Land. Auf der Suche nach dem, was uns zusammenhält. Köln 2016.

Zeh, Juli: Unter Menschen. München 2021.

Zeh, Juli: Unterleuten. 6. Auflage. München 2017.

Zick, Andreas/Küpper, Beate (Hg.): Die geforderte Mitte. Bonn 2021.

Zippert, Thomas: Sozialraumanalyse zu Lebens-/Wohnsituationen und Unterstützungsbedürfnissen älterer Menschen in der Gemeinde Diemelsee (Waldeck-Frankenberg) im Auftrag des Waldeckischen Diakonissenhauses Sophienheim in Bad Arolsen. Bielefeld 2016 (unveröffentlicht).

Soziologie

Michael Volkmer, Karin Werner (Hg.)
Die Corona-Gesellschaft
Analysen zur Lage und Perspektiven für die Zukunft

2020, 432 S., kart., Dispersionsbindung, 2 SW-Abbildungen
24,50 € (DE), 978-3-8376-5432-5
E-Book:
PDF: 21,99 € (DE), ISBN 978-3-8394-5432-9
EPUB: 21,99 € (DE), ISBN 978-3-7328-5432-5

Kerstin Jürgens
Mit Soziologie in den Beruf
Eine Handreichung

September 2021, 160 S., kart., Dispersionsbindung
18,00 € (DE), 978-3-8376-5934-4
E-Book:
PDF: 15,99 € (DE), ISBN 978-3-8394-5934-8

Gabriele Winker
Solidarische Care-Ökonomie
Revolutionäre Realpolitik für Care und Klima

März 2021, 216 S., kart.
15,00 € (DE), 978-3-8376-5463-9
E-Book:
PDF: 12,99 € (DE), ISBN 978-3-8394-5463-3

Leseproben, weitere Informationen und Bestellmöglichkeiten finden Sie unter www.transcript-verlag.de